普通高等院校民航特色专业"十四五"规划教材 | 民航安全技术管理专业

中国民航出版社新经典教材文库 | 立体化教材

民航安检违禁物品
（第二版）

Prohibited Articles for Civil Aviation Security Control

主　编：邵咏亮

副主编：周　捷　季玲玲

中国民航出版社有限公司

图书在版编目（CIP）数据

民航安检违禁物品 / 邵咏亮主编. —2 版. —北京：中国民航出版社有限公司，2024.6. —ISBN 978-7-5128-1369-4（2024.12 重印）

Ⅰ．F560.81

中国国家版本馆 CIP 数据核字第 2024UP1889 号

民航安检违禁物品（第二版）

邵咏亮　主编

责任编辑	符雯婷	
出　　版	中国民航出版社有限公司（010）64279457	
地　　址	北京市朝阳区十里河桥东中国民航报社二层（100122）	
排　　版	中国民航出版社有限公司录排室	
印　　刷	北京金吉士印刷有限责任公司	
发　　行	中国民航出版社有限公司（010）64297307　64290477	
开　　本	787×1092　1/16	
印　　张	10.5	
字　　数	178 千字	
版　　次	2018 年 1 月第 1 版　2024 年 9 月第 2 版	
印　　次	2024 年 12 月第 2 次印刷　累计第 10 次印刷	
书　　号	ISBN 978-7-5128-1369-4	
定　　价	38.00 元	

官方微博　http://weibo.com/phcaac
淘宝网店　https://shop142257812.taobao.com
电子邮箱　phcaac@163.com

第二版前言

20世纪70年代以来，随着航空业的飞速发展，民航安检作为一项新生事物，在全世界范围内应运而生并快速发展。我国自1981年起，在各民用机场实施强制性安全检查，对乘坐民用航空器的旅客及其行李，进入机场控制区的其他人员及其物品以及空运货物、邮件等进行安全检查，以防止劫、炸机事件的发生。

自"9·11"事件之后，国际政治局势日益复杂，恐怖活动日益猖獗。随之而来在世界范围内的各种带有宗教色彩、主权分裂的恐怖活动也日趋频繁。对于我国亦是如此，境内外存在着"台独""疆独""藏独"等分裂敌对势力，他们时刻在寻找机会制造恐怖活动。因此我国空防安全面临着空前巨大的压力，准确识别和处置安检现场发现的违禁物品，是一名安检人员必须具备的技能。

在此背景下，开办安检专业的众多院校及各民航机场的安检部门，急需一本详细介绍各类安检违禁物品的专业性教材，用于学生的专业课教育及安检员工的在职培训。因此，在民航局公安局、部分安检机构以及兄弟院校的支持帮助下，我们编写了这本教材。全书共分十二章，分别详细叙述了各类违禁物品及限制携带物品的定义、分类、特点、危害性、典型代表物品等内容，并介绍了相应的识别及处置方法。另外，此书亦可作为大众普及民航安检知识的参考读本，了解最新的民航安检法规及违禁物品，方便乘机出行。

本教材在编写过程中，得到了民航局公安局警官培训中心王立军主任的大力支持，上海机场股份有限公司安检护卫保障部原副总经理吴连华和原民航上海中专安检教研室主任沈福荣老师对此书提出了大量的宝贵意见，上海浦东机场安检护卫保障部的黄晋、万君昊提供了现场的一线资料，在此对大家的帮助与支持一并表示感谢。同时也要感谢杨晓青、周维妍两位二级学院领导对教材编写的关心,感谢教研室顾正钟、姚静祺、艾治余、吴媛、张轶伦、王竹源、徐强、李燕研、吉辰、解昉、王愚等老师的支持和鼓励。

本教材在2018年第一版的基础上进行了再版,加入了最新的规章制度和安检现场案例,融入课程思政元素,对文字表述进行了进一步斟酌与优化;并在部分章节增添了配套教学视频及动画,读者使用移动终端扫描章末所附二维码可更方便地进行自主学习。教材内容中仍存在的不完善之处,敬请予以批评指正。

上海民航职业技术学院

邵咏亮　周　捷　季玲玲

2024年8月

教学视频总目录

目 录

第二版前言

第一章 绪论 ·· 1

 第一节 概述 ·· 1

 第二节 违禁物品和限制携带物品 ·· 2

 第三节 违禁物品的识别方法 ··· 3

第二章 枪支及管制器具 ·· 9

 第一节 枪支 ·· 9

 第二节 军警械具 ··· 17

 第三节 管制刀具 ··· 22

第三章 易燃或易爆危险物品 ··· 30

 第一节 燃烧原理 ··· 30

 第二节 液化、压缩和加压溶解气体 ································· 33

 第三节 易燃液体 ··· 46

 第四节 易燃固体 ··· 53

第四章 爆炸物品 ·· 64

 第一节 爆炸原理 ··· 64

 第二节 炸药的相关知识 ·· 66

 第三节 火工品 ··· 74

 第四节 弹药 ··· 78

 第五节 爆炸物 ··· 81

第五章　氧化剂和有机过氧化物 ································· 91
第一节　氧化剂 ·· 91
第二节　有机过氧化物 ··· 96

第六章　毒害品和感染性物品 ··· 100
第一节　毒害品 ··· 100
第二节　感染性物品 ··· 107

第七章　放射性物品 ·· 110
第一节　放射性原理 ··· 110
第二节　放射性物品 ··· 113

第八章　腐蚀性物品 ·· 118
第一节　腐蚀原理 ·· 118
第二节　腐蚀性物品 ··· 121

第九章　火种 ··· 129

第十章　毒品 ··· 134

第十一章　其他违禁物品 ··· 143

第十二章　限制携带物品 ··· 147
第一节　锐器和钝器 ··· 147
第二节　液态物品 ·· 151
第三节　锂电池 ·· 154
第四节　其他限制携带物品 ·· 156

参考文献 ·· 160

第一章 绪 论

第一节 概 述

党的二十大报告提出，建设现代化产业体系，坚持把发展经济的着力点放在实体经济上，推进新型工业化，加快建设制造强国、质量强国、航天强国、交通强国、网络强国、数字中国。随着国家经济的快速发展，全世界的联系愈加紧密，安全检查工作也越来越重要，检查的领域也在不断扩大，广泛应用在民航、铁路、港口、大型活动举办地等重要的固定场所。而近年来国际形势复杂多变，一些犯罪分子和敌对势力也蠢蠢欲动，对我国的公共安全造成了严重的威胁。

在新的形势下，对违禁物品的有效检查与识别，已然成为国际各界普遍关心的重要问题，在民航业更是如此。从以往的劫、炸机事件来看，犯罪分子若赤手空拳很难达到目的，大多数情况都是通过使用或谎称带有武器、爆炸物品等违禁物品来实施劫、炸机的。而危及航空安全的因素不仅有劫、炸机犯罪活动，凡是被带上飞机的枪支、弹药、刀具、易燃、易爆、腐蚀、毒害、放射性、传染性物品，都会对航空安全构成极大的威胁。民航旅客及其随身携带或托运的行李物品、航空货物邮件等，都必须进行严格的限制和安全检查。

因此，了解各类违禁物品的性质和特点，准确识别及合理处置违禁物品，已经成为民航安全检查人员需要掌握的一项重要技能。每一位安检人员应培养"工匠精神"，刻苦钻研业务知识，不断提高业务技能，落实民航局"六严"工作之"安检要严查"的要求，认真对待每一个流程和每一个环节，全神贯注，一丝不苟，严把安全质量关。

除了应具备高超的检查技能外，日趋猖獗的恐怖威胁也对民航安检人员提出了更高的职业要求。每一位安检人员都必须牢牢树立风险忧患意识，居安思危，保持高度警惕的精神状态，将各种不安全因素及时消灭在萌芽状态。强化安全责任意识，牢记"空防安全重于泰山"，从认识上、情感上、信念上、意志上乃至习惯上养成忠于职守的自觉性，本着"安全隐患零容忍"的原则，本着对国家安全负责、对他人生命负责的态度，时刻保持清醒的头脑，正确认识安全形势，明确肩负的安全责任，做到安而不忘危，人在岗位心系安全，坚决谴责任何不负责任、玩忽职守的行为。作为民航安检人员，要坚持空防安全的操作规程一点不松，执行空防安全规定一字不变，履行空防安全的职责一寸不让，确保空防安全万无一失。

民航安检人员在检查工作中，应以"敬畏生命、敬畏规章、敬畏职责"为内核，努力践行中国当代民航精神——忠诚担当的政治品格、严谨科学的专业精神、团结协作的工作作风、敬业奉献的职业操守。民航安检人员应提高安检职业的责任感和使命感，深入贯彻党的二十大精神，牢记全心全意为人民服务的宗旨，一言一行都做到对人民负责，胸怀家国、自信自强、守正创新、踔厉奋发、勇毅前行，保卫空防安全，为全面建设社会主义现代化国家、全面推进中华民族伟大复兴贡献民航力量。

第二节 违禁物品和限制携带物品

一、违禁物品的定义及分类

所谓违禁物品就是指为了保障航空安全，在国家有关法律、行政法规和规章中，明文禁止旅客随身携带或者在托运行李中夹带的民航禁止运输物品。

根据2016年12月中国民用航空局发布的《民航旅客禁止随身携带和托运物品目录》公告中的条款，并参照危险品的国际分类标准及安检现场的实际情况，本教材将违禁物品分为以下类别。

第一类：枪支及管制器具。

第二类：易燃或易爆危险物品。

第三类：爆炸物品。

第四类：氧化剂和有机过氧化物。

第五类：毒害品和感染性物品。

第六类：放射性物品。
第七类：腐蚀性物品。
第八类：火种。
第九类：毒品。
第十类：其他违禁物品。

上述违禁物品均具有较大的危险性，如被犯罪分子利用，将会对航空安全构成严重威胁。因此，作为民航安检人员，掌握各类违禁物品的种类、特点、危害性、代表物品，以及了解其识别方法和处置方法十分重要。只有这样，才能更好地保障民用航空器和旅客生命财产的安全。

二、限制携带物品

所谓限制携带物品是指根据我国民航规定，旅客乘机随身携带或者作为行李托运时有限制条件的物品。

根据2016年12月中国民用航空局发布的《民航旅客限制随身携带或托运物品目录》公告中的条款，诸如锐器和钝器、液态物品、锂电池、某些生产工具等物品均属此范围。

由于限制携带物品有可能造成人身伤害，或对航空安全和运输秩序构成危害，因此对此类物品在携带方式、携带数量以及规格参数等方面均要采取一定条件的限制，旅客同样应该认真遵守。

第三节　违禁物品的识别方法

目前，安检人员在现场对各类违禁物品的识别，主要是通过仪器识别和手工识别两种方法来进行。安检人员应当熟悉各类违禁物品的特征、构造等，才能在第一时间进行有效识别，确保航空安全。

一、仪器识别

仪器识别涉及最常用的安检仪器有X射线机、通过式金属探测门（也称安全门）和手持金属探测器（也称手探）三类，分别是对旅客的行李物品和人身进行检查,从而判断旅客是否藏匿危害航空安全的违禁物品。随着科技的发展,诸如痕量爆炸物探测器、毫米波人体安检仪等新式设备也已逐步投入实际应用中,发挥着重要作用。

(一) X射线机

X射线机利用X射线的穿透性,由射线发生器产生一束扇形窄线对被检物品进行扫描。X射线穿过传送带上移动的行李,根据X射线对不同物质的穿透能力不同,发生衰减,探测器接收到经过衰减的X射线信号,通过信号处理,转变为图像显示出来。因此,不同材质的物品,在屏幕上所显示的颜色也不同。安检人员再结合图像的轮廓形状,从而推测行李中的物品。

目前,全国各大机场的X射线机已陆续升级至双视角(即两个射线源分别实现垂直与水平两个方向的照射),方便安检员借助不同的角度更好地对行李进行X射线图像识别,如图1.1所示。

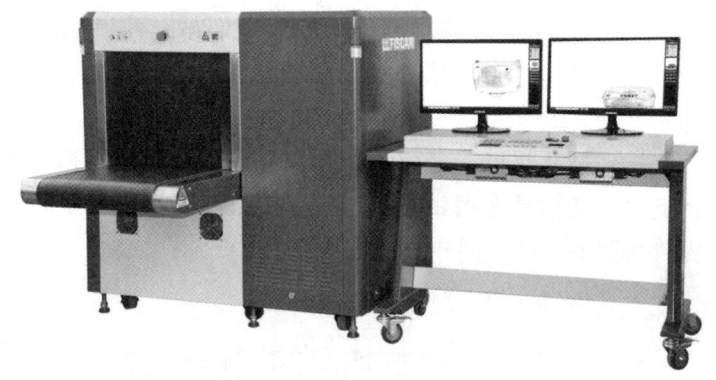

图1.1 双视角X射线机

> X射线机成像规律:
> 橙色——有机物(食品、纸张、塑料、炸药、毒品、液体等),原子序数小于10的物体;
> 蓝色——重金属,原子序数大于18的物体;
> 绿色——混合物(有机物与无机物的重叠部分),或原子序数为10~18的物体;
> 暗红色/黑色——密度非常大或非常厚,X射线穿不透的物体。

(二) 通过式金属探测门和手持金属探测器

这两类仪器常用于检查旅客身上是否含有违禁物品。人身上有很多部位可以藏匿物品，特别是生理结构中一些凹进去的部位。若旅客身上带有金属物品，通过金属探测门（简称安全门，如图1.2所示）时，该设备会立即发出声响报警信号，对应的探测区域同时出现报警灯提示。由于不少违禁物品为金属材质，此时安检员需使用手持金属探测器（简称手探，如图1.3所示）对旅客人身进行进一步针对性检查。手探的原理与安全门相似，一旦探测到金属也会立即报警，进而确定是否属于违禁物品。

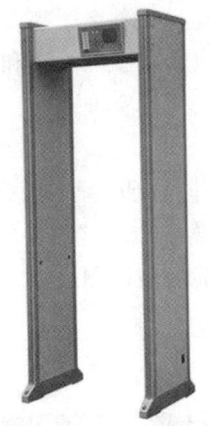

图1.2 通过式金属探测门

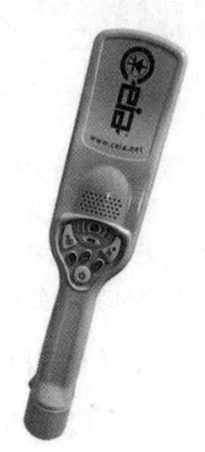

图1.3 手持金属探测器

通过式金属探测门的工作原理：探测门在工作时，设备发出的一连串脉冲信号产生一个时变磁场，该磁场对探测区中的金属导体产生涡电流，涡电流产生的次级磁场在接受线圈中产生电压，并通过处理电路产生报警。

手持金属探测器的工作原理：正常时手持金属探测器产生恒频率磁场，当探测器接近金属物品时，磁场受干扰发生变化，检查电路感知到参数的改变，进而触发报警信号。探测器离开金属物品，磁场恢复原先状态，报警信号解除。

（三）痕量爆炸物探测仪

很多化学物质会散发出蒸汽或颗粒，会被与之接触的材料（衣服、行李、皮肤、容器、纸张等等）表面吸附或黏附。该仪器（如图1.4所示）可通过真空吸附或擦拭表面的方式来收集这些痕量的蒸汽或颗粒。所收集的样品被加热变成气体，汽化后的样品与放射源发出的β-离子碰撞后变成带电离子。这些离子在电场作用下发生漂移，系统记录下它们在电场中的飞行时间。每种离子都有一个特征漂移速度，取决于离子的大小和结构，这速度就像指纹一样具有唯一性，可用来识别产生每种离子的原始物质。

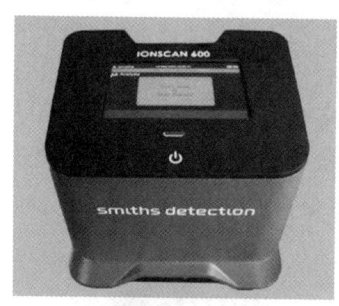

图1.4 痕量爆炸物探测仪

痕量爆炸物探测仪就是利用计算机软件对不同物质离子漂移所产生的一系列峰值进行识别，检验行李物品是否存在爆炸物。它的灵敏度很高，即使极微量的爆炸物成分存在于行李之中，依然能够被检测出来。

（四）毫米波人体安检仪

该设备利用微波装置发射低功率的毫米波，对人体进行扫描检查，如图1.5所示。其波长一般为1~10毫米，能够穿透衣物，经皮肤反射但不会进入体内，因此对人无害。安检仪在接收到反射波后，经过算法处理，在系统中建立一个三维人体扫描图像。其探测模式分为自动探测和人工判图两种。前者会自动分辨出疑似违禁物品，在工作站以人偶图像的方式显示自动探测结果；后者则将人体图像传输到远程判图工作站，由安检人员对其进行人工处理和分析。

利用上述方法可以发现旅客藏在衣服内的各种违禁物品，包括非金属违禁物品。因

图1.5 毫米波人体安检仪

此，毫米波人体安检仪作为新一代的人身检查设备，当前正在全国各大机场试用推广。

二、手工识别

（一）开箱包检查

针对X射线机检查有疑点，或无法判断其内部物品性质的箱包，需要进行开箱包检查。这是利用手的触觉在可疑箱包的重点部位通过摸、捏、压等动作，来发现是否藏匿有违禁物品的方法。检查时应重点注意箱包是否有夹层，或是否有意将违禁物品藏匿在X射线难以透过的高密度物品内或后面。

（二）人身检查

对于安全门检查或毫米波检查中报警的人员，需要进行手工人身检查。这项检查是利用手的触觉在人身上可能藏匿违禁物品的重点部位，通过摸、捏、压等方法，同时结合手探的功能，以发现藏匿的违禁物品。重点检查部位一般包括：头部、肩胛、胸部、手腕及手部、臀部、腋下、裆部、腰部、腹部、脚及脚踝等。

（三）对安检重点对象的检查

对于某些形迹可疑、举止异常的旅客，为确保万无一失，应对其人身及行李进行重点检查。这些人员称为重点检查对象，界定标准更多取决于安检人员的现场工作经验及犯罪心理学的相关知识。

通常重点检查对象可包括：
(1) 精神恐慌、言行可疑、伪装镇静者；
(2) 冒充熟人、假献殷勤、接受检查过于热情者；
(3) 表现出不耐烦、催促检查或态度蛮横不愿接受检查者；
(4) 窥视、探听安检现场等行为异常者；
(5) 着装与其身份不符或与时令不适宜者；
(6) 航班已开始登机，匆忙赶到检查现场者；
(7) 在检查中发现有其他可疑问题者。

对上述人员的重点检查，是由于当前各类违禁物品有向小型化、非金属化发展的趋势，因此有必要加强安全检查的力度。

 思考与练习

1. 什么是违禁物品？违禁物品可分为哪几类？
2. 什么是限制携带物品？
3. 对违禁物品的识别有哪两种基本方法？
4. 常用的安检仪器有哪些？

本章重要知识点讲解视频

违禁物品及限制携带物品

第二章 枪支及管制器具

第一节 枪 支

一、枪支的定义及分类

(一) 枪支的定义

枪支是一种手持型射击武器。根据《中华人民共和国枪支管理法》第46条规定，枪支是指以火药或者压缩气体等为动力，利用管状器具发射金属弹丸或其他物质，足以致人伤亡或者丧失知觉的各种武器。

(二) 枪支的历史变迁

枪，在火药发明之前，是指在长柄的一端装有尖锐的金属头，能刺扎人员致死伤的原始武器，如扎枪、红缨枪等。火药发明之后，枪才在本质上发生了变化。在13世纪中叶，我国南宋时期使用的"突火枪"，是世界上最早的火器。当时用粗毛竹筒做"火枪"，竹筒一头开口，内装火药，由两个人拿着，在交战时用火点燃火药，喷射火焰烧伤敌人。这种火枪就是现代枪炮的起源。后来，在这种枪的内部装"子窠"（即小石块、砂粒一类的硬东西），借火药力量发射出去，杀伤敌人。这个"子窠"就是最原始的子弹。一直到19世纪以后，世界上才出现了弹药合一的子弹，以及使用这种子弹的枪支。至此，现代枪支的外形结构才初露端倪，图2.1反映了枪支的历史变迁。

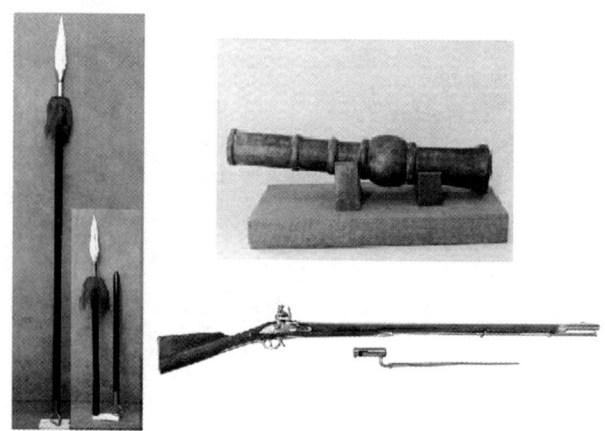

图 2.1　枪支的历史变迁

（三）枪支的分类

枪支有多种分类方式。

按照枪支的使用对象不同，可分为军用枪、警用枪、民用枪和其他枪支。军、警用枪包括手枪、步枪、冲锋枪、机枪、防暴枪等；民用枪则包括气枪、猎枪、运动枪、麻醉注射枪、发令枪等；其他枪支则包括各类样品枪和道具枪。

按照体积大小不同，枪支可分为长枪和短枪。由于短枪体积小而容易隐藏，且便于分解携带，故犯罪分子更多利用短枪来劫持飞机，对此应特别注意进行防范。

按照构造不同，枪支还可分为制式枪和非制式枪等。制式枪主要指的是已完成定型试验，并且经军队或国家有关主管部门批准投入装备、使用的各类枪支。而非制式枪则不同，往往是自行研究制造的，产量通常较小，结构也较简单；或是在外形上进行了一定的伪装，供诸如特工、侦察兵等特殊身份人员使用，其特点亦可能被犯罪分子加以利用。

二、常见的枪支及其特征

安检人员应尤其防止犯罪分子携带短枪登机进行犯罪活动。由于世界各国所用的短枪种类繁多，规格不一，为使大家掌握短枪的基本知识，便于在安检工作中加以防范，下面着重介绍几种主要的制式和非制式短枪。

（一）制式手枪

1. 基本介绍

手枪是一种单手握持瞄准射击或本能射击的短枪管武器，用在近程内自卫和突然袭击敌人。手枪由于短小轻便，携带安全，能突然开火，一直被世界各国的军队和警察（主要是指挥员、特种兵以及执法人员）等大量使用。

现代军用手枪主要有自卫手枪和冲锋手枪。自卫手枪射程一般为50米左右，弹匣容量6~15发，发射方式为单发，重量在1千克左右。冲锋手枪亦称战斗手枪，全自动，一般配有分离式枪托，弹匣容量10~20发，平时可当冲锋枪使用，有效射程可达100~150米。按其构造，手枪还可分为非自动手枪、半自动手枪（单发射击）和全自动手枪（连发射击）。随着技术的进步，手枪经过长期的演变，已经发展成为种类繁多的现代手枪家族，并且性能和威力都有大幅度提高。因此，手枪的作用和地位将会得到进一步加强。

2. 国内外经典枪支

我国的军队和公安部门长期配备的大部分是"五四""六四""七七"式军用手枪（见图2.2~图2.4），分别根据其定型年份而命名，它们也被称为"警用三大件"。当前，更多新式的手枪也逐渐投入使用并更新换代，例如"九二"式半自动手枪（见图2.5）、9毫米警用转轮手枪（见图2.6）等。

图 2.2　五四式 7.62 毫米手枪

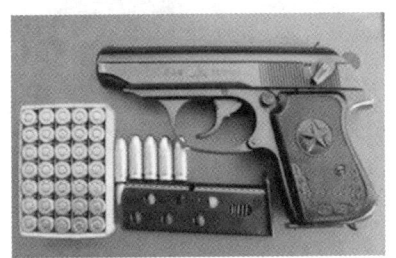

图 2.3　六四式 7.62 毫米手枪

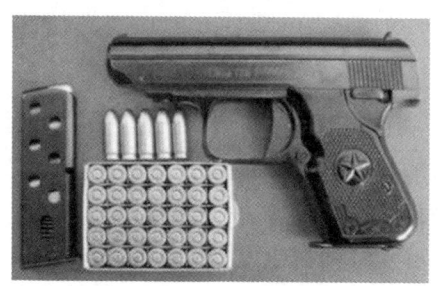

图 2.4　七七式 7.62 毫米手枪

图 2.5　九二式 9 毫米手枪

图 2.6　9 毫米警用转轮手枪

此外，还有几种国外曾经广泛使用的手枪，例如，苏联的马卡洛夫手枪、美国的柯尔特手枪、比利时的勃朗宁手枪、德国的毛瑟手枪（见图 2.7~图 2.10）等也都各有特点，但基本构造相同。随着时代的发展，现代化部队中已不再装备这些手枪，但在一些恐怖组织中仍然广泛使用。

图 2.7　苏联马卡洛夫手枪

图 2.8　美国柯尔特手枪

图 2.9　比利时勃朗宁手枪

图 2.10　德国毛瑟手枪

3. 手枪的构造

不同型号的手枪有不同的外形特征及内部构造，但其基本组成部分通常包括以下几个：枪管、套筒、套筒座、复进簧、击发机、弹匣，见图 2.11。各种枪支的零部件同样属于违禁物品。

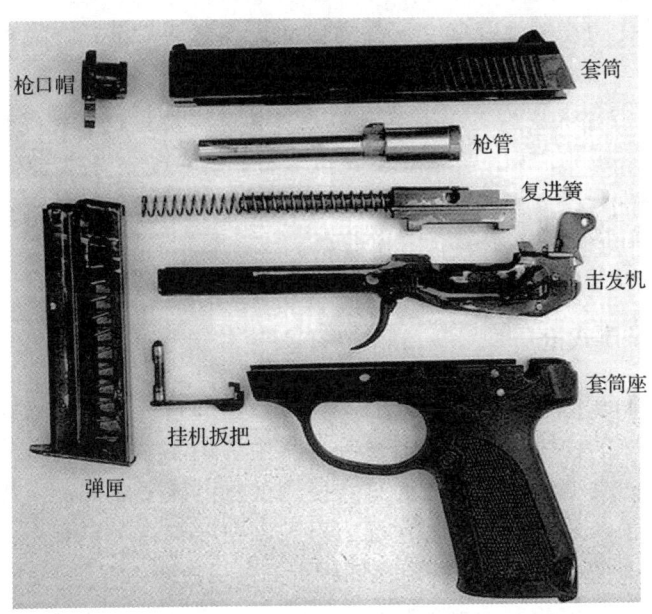

图 2.11　手枪的分解构造图

(二) 民用枪

民用枪主要包括气枪、猎枪、射击运动枪、发令枪、麻醉注射枪等日常生产生活中涉及的枪支，以及其他通过爆炸或压缩空气而发射带有弹丸的武器。此类枪支需接受有关部门管制，使用者需申领民用枪持枪证。

(三) 仿真枪

仿真枪并非制式武器，但部分仿真枪在外观上同制式枪一样，甚至有些部件用金属制，如不仔细检查，很难判断出真假。有些劫机分子恰恰利用了这一点，持仿真枪在飞机上实施犯罪活动。此外，将仿真枪的某些部件进行改造，同样能发射子弹，从而造成很大的伤害。基于这些原因，我国现今对仿真枪逐步加强了管制。《中华人民共和国枪支管理法》规定，非法生产、持有和买卖仿真枪都是违法行为。

> 根据2008年公安部出台的《仿真枪认定标准》，凡符合以下条件之一的，可以认定为仿真枪：(1) 符合《中华人民共和国枪支管理法》规定的枪支构成要件，所发射金属弹丸或其他物质的枪口比动能小于1.8焦耳/平方厘米（不含本数）、大于0.16焦耳/平方厘米（不含本数）的；(2) 具备枪支外形特征，并且具有与制式枪支材质和功能相似的枪管、枪机、机匣或者击发装置等机构之一的；(3) 外形、颜色与制式枪支相同或者近似，并且外形长度尺寸介于相应制式枪支全枪长度尺寸的二分之一与一倍之间的。

(四) 非制式枪

由于非制式枪的使用者往往需要隐藏自己的特殊身份，故该类枪支常常经过了一定的伪装，外观看上去与日常生活用品无异。劫机分子为了便于携带和混过安全检查，将人们日常使用的物品改造成武器，使之具备发射弹丸的功能。非制式枪尽管在威力上与制式枪存在一定差距，但通常能起到出其不意的效果，近距离射击同样可能造成致命伤害。

目前，国内安检部门所发现的非制式枪有手杖枪、钱夹枪、天线枪、钢笔枪、口红枪、手机枪、打火机枪等，如图2.12所示。非制式枪除上述异形枪以外，还包括将冷热兵器相结合的匕首枪，以及远小于正常尺寸的超微枪等。

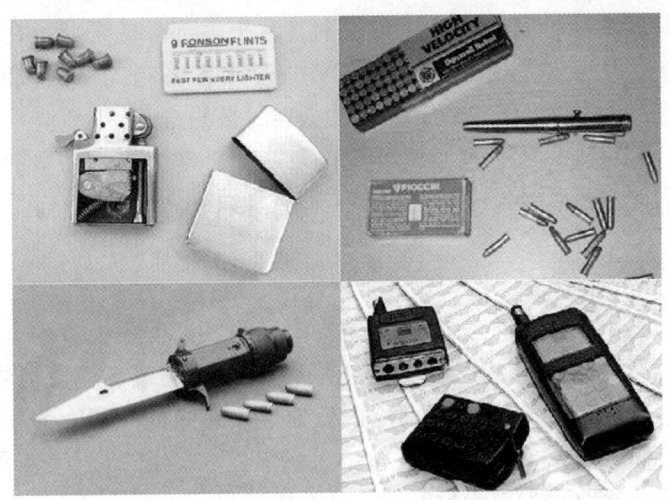

图 2.12 打火机枪、钢笔枪、匕首枪、手机枪

值得一提的是，市面上还有五花八门的儿童玩具枪，按形式分大致有水枪，发声发光的、可发射弹射物的、无附加功能的玩具枪等等。根据儿童玩具枪的国家强制性标准，可发射弹射物的玩具枪不能以火药作为发射能源，而且对材料和发射体的动能也有明确的要求。一般情况下，儿童玩具枪是可以一眼分辨出来的，处置方法也不同。

三、枪支的识别和处置

（一）识别方法

由于枪支的种类繁多，外形特殊且千差万别，有些枪支还进行了巧妙的伪装，这给安检人员识别枪支带来了一定的困难。

对于军用或警用的制式枪支而言，由于其有特定的外形特征，再加上它的材质往往是采用钢等密度较大的金属制成，因此在X射线机上大部分部位显示的图像往往颜色较深，呈现深蓝色甚至黑色。仿真手枪由于其主体部分大多是由塑料制成，虽然在外观上同制式手枪相同，但在密度、重量和其他方面还是有诸多不同之处的，X射线机上显示的颜色也更浅，以橙色为主。还应注意，由于枪支在行李中放置角度的差异，图像往往会发生变形。这就要求安检人员一定要经常上机操作，熟悉枪支在行李中以不同角度放置时的图像；同时还要注意识别其各个零部件的形状，在查获其中某一部件后，注意追查是否有其他部件。若旅客将制式枪支藏匿于身上，则通过安全门和用手探检查时均会发生报警，较易查出。

此外，安检人员还必须留意外观被改造成日常生活用品状的各类非制式枪，对有疑问的物品必要时通过手工检查加以确认。

（二）处置方法

若在检查中发现枪支，如旅客无持枪证明，又无法说清枪支来源，应立即予以扣留，将人和物一并送交机场公安部门处理。需特别注意的是，安检现场对于各类仿真枪视作真枪进行处置，同样需要移交公安部门。而小孩的玩具枪，只要不具备仿真枪的外观特征，则不属于违禁物品范畴，但一般要求旅客将可发射弹射物的玩具枪托运。

根据相关文件，对执行国家保卫对象和重要外宾保卫任务的警卫人员所携带的枪支弹药，安检部门应当核验本人的身份证件、持枪证以及相关部门的证明信（需详列持枪人姓名、枪型、枪号、枪支和子弹数量、往返地点、有效期限）之后登记放行，并书面通知公共航空运输企业。射击竞技体育运动单位及运动员乘坐航班可托运相应的射击运动枪支弹药，应当核查枪支（弹药）携运许可证和公共航空运输企业同意承运证明，正常检查后登记放行。

四、典型案例

案例一：某日，P机场旅检4号通道，某旅客通过安全门时腰部区域报警，人身检查员将腰部作为重点检查部位，发现其藏匿金属枪支一把。启动应急预案后继续严格检查该旅客，又在人身检查重点部位脚部查获仿真枪一把，如图2.13。

图2.13 查获的制式枪及仿真枪

案例二：某日清晨，C机场国内科开机员发现一位旅客包内物品的X射线图像十分可疑，在颜色和内部结构上与一般生活物品有区别，便立即通知开箱员进行开箱检查，后查获一个外形为金属打火机但重量比打火机略重的可疑物品。带班分队长经仔细辨认后确定该可疑物品为打火机微型防卫器，金属外壳内一半是可使用的打火机，而另一半为装有两个弹槽的击发装置，见图2.14。分队长立即按紧急预案处置，逐级请示至总值班后，将人和物移交机场公安处理。

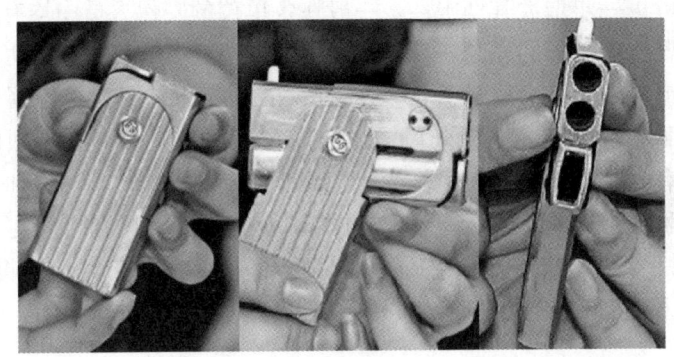

图2.14 查获的打火机枪

案例三：某日，W机场安检人员发现一名男子随身携带的行李包里，有一支钢笔很"特别"，经开包检查，竟是一把钢笔式手枪，枪里还有一发上膛的子弹。安检人员问他为何带这支钢笔枪时，该旅客先是说平日用于防身，后来又解释说，自己坐飞机前忘记包里装了这支钢笔枪。该旅客随后被移交至机场公安机关处理，其登机资格被取消。

第二节　军警械具

一、军警械具的定义

军警械具，主要是指军队或人民警察等司法机关的工作人员在执行公务时按照规定装备的警棍、电击器、手铐、拇指铐、催泪瓦斯、警绳等特殊器械。

二、常见的军警械具及特征

(一) 警棍

警棍是警察执行公务时使用的特制棍棒。按其特点可分为橡胶警棍和电击警棍两类，如图2.15。

橡胶警棍由硬质橡胶制成，有手把和佩扣，用于击打，有的内部还含有金属，可进一步增大其伤害性。一般在各单位的安保人员中均有配备。

电击警棍的外形同样是一根短棒，原理是瞬间产生高压脉冲，击晕所接触生物或导致其休克，达到防身目的。它的内部采用变压器耦合间歇振动器，其脉冲电压经高压提升后输出，当与人体接触后，有剧烈肉体麻木酸痛感，有时甚至使皮肤表面烧为小白点，像针刺一样，造成长时间疼痛。电击警棍虽输出电压很高，但整体功率较小，触电后只有瞬间痛苦，一般不会使人终身致残或有任何生命危险，主要会使对方产生一种畏惧心理。此外，电击警棍的外形还可衍生为各种形状，即各类电击器。

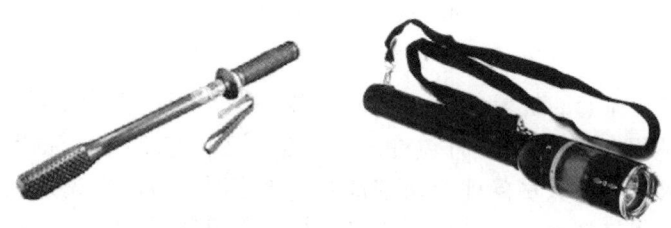

图2.15 橡胶警棍与电击警棍

(二) 电击器

各类电击器种类繁多，外形特征也有很大差别，常见的有棍状、枪状、手电筒状、剃须刀状、手机状等，如图2.16。它们共同的特点在于顶部有两个或多个硬质合金制成的金属触点，或是一个连续的金属触环，均是用于对外释放脉冲高压。另一个重要的部件是变压器，用以将较低的电源电压升至较高的输出电压。

公安部为了防止各类电击器被犯罪分子所利用，对其生产、销售和使用都有严格的规定。但是，社会上仍有一些不法厂商暗中生产和销售这类器械,给社会造成了很大危害。

图 2.16　各类电击器

(三) 手铐与拇指铐

手铐与拇指铐均用于限制罪犯的行动,一般由硬质合金环扣和钢制链条组成。前者铐于手腕处,后者铐于两个拇指,外形类似但大小不同,如图 2.17。

 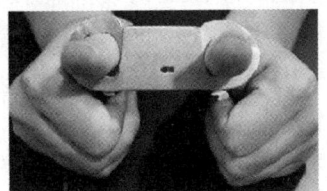

图 2.17　手铐与拇指铐

(四) 催泪瓦斯

催泪瓦斯(见图 2.18)是一种使进攻者暂时丧失战斗力的烟雾剂。其内容物是高纯度辣椒提取素、芥末提取物等天然强刺激物质,可以对人的眼睛、面部皮肤、呼吸道造成强烈的如火烧般的刺激,双目无法睁开,喷嚏咳嗽不停,通常用于装备执法部门。其刺激作用一般二十多分钟即可自行解除,也可用清水洗除,事

图 2.18　催泪瓦斯

后对人体没有危害。

（五）警绳

警绳（见图 2.19）主要用于捆绑束缚犯罪嫌疑人，其材料通常为高强度尼龙，有的带有金属环扣。警绳的外观与普通绳索差异不大，但属于专用的警械。

图 2.19　警绳

三、军警械具的识别和处置

（一）识别方法

由于军警械具各有特点，外形多样，有的还进行了一定程度的伪装，因此安检人员对于此类物品的识别一定不能掉以轻心。

橡胶警棍一般在 X 射线机显示器中的图像为密度较一致的具有一定长度的棍状物，比较容易识别。电击警棍与各类电击器则需抓住图像中的金属触头、变压器、电源这三个最主要的特征部件图像。手铐与拇指铐的外形特征比较容易识别，在图像中一般显示的是深蓝色或暗红色，但要注意它们在行李中放置角度不同而引起的图像变形。催泪瓦斯的瓶体通常为铝制，故在屏幕上显示淡绿色，还应注意金属喷头这一特征。

军警械具中的电击器、手铐、拇指铐等由于部分或全部部件是由金属制成的，因此在通过安全门或手持金属探测器探测时，必然会发生报警，此时安检人员就需要认真检查来确认。当然，诸如橡胶警棍等非金属材质的物品是不会报警的，这就要求我们对重点检查对象特别留意，用手工搜身的方法进行检查。

（二）处置方法

若在检查中发现上述的军警械具类物品，对于无相应证明的旅客，应予以扣留并送交机场公安部门。

若是执行公务的公安、检察院、法院的工作人员携带手铐、警绳等警械，在查验所持证明及证件无误后，允许托运，但不得随身携带。

四、典型案例

案例一：暑假里的一天，一对中年夫妇带着一名10岁左右的小男孩由T机场出发旅游。工作人员在安检通道检查他们的随身行李时，X射线机图像显示一小背包侧面部位有一形似手铐状的物品，经检查，果然是一副警用手铐。孩子父亲解释，这个手铐是其儿子最喜欢的"玩具"，小家伙从小就喜欢枪棒等玩具，对警察更是崇拜有加，后来有一个朋友便送给了儿子这副"玩具"，没想到小家伙爱不释手，连这次出门旅游都不忘偷偷塞进包内。一家三口随后被移交至机场公安部门，公安人员对他们进行了严肃的批评教育，并对手铐作出没收处理。

案例二：某日，Y机场3号通道开机员发现有一位旅客的行李中携带了多部手机和照相机，其中有一部手机的图像显示异常，便通知开箱员开包检查。经查，该旅客共携带了6部手机及1部相机，并在其中夹带了一部手机式的电击器，如图2.20所示。安检员随后将该旅客及物品移交机场公安机关处理。

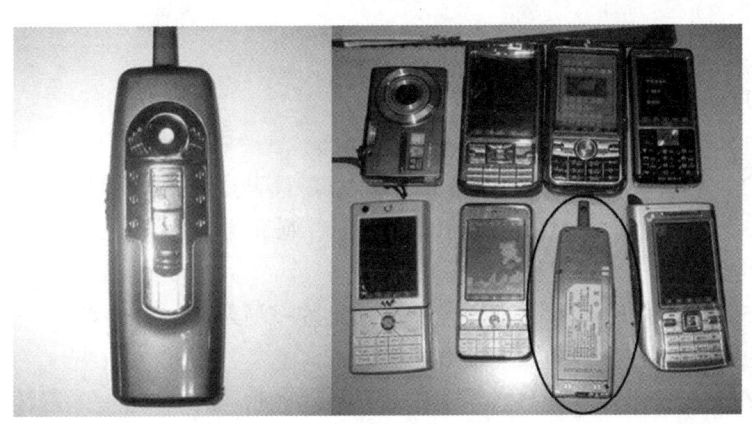

图 2.20　查获的手机式电击器

第三节　管制刀具

一、刀具概述

（一）刀具的种类

刀具是生产和生活中用于切削的工具，种类和造型多样。绝大多数的刀具是金属材质的，还有一些由陶瓷、木质以及一些新型材料制成。刀具大部分都有一定的杀伤力，所以民航局对刀具的携带和运输都有明确的规定。

刀具可分为管制刀具和非管制刀具。有些刀具由于结构特点使得其伤害性较大，因此国家在生产销售等诸多环节均加以管制，故称为管制刀具。而常见的一些生活用刀（如菜刀、水果刀等）以及专业刀具（如手术刀、雕刻刀等）则属于非管制刀具。根据民航相关规定，旅客携带不同的刀具乘坐民航班机时，所采取的处置措施也不同。

（二）相关术语说明

刀具的相关术语见图 2.21。
（1）刀柄：是指刀上被用来握持的部分。
（2）刀格（挡手）：是指刀上用来隔离刀柄与刀身的部分。
（3）刀身：是指刀上用来完成切、削、刺等功能的部分。
（4）血槽：是指刀身上的专用刻槽。
（5）刀尖角度：是指刀刃与刀背（或另一侧刀刃）上距离刀尖顶点 10 毫米的点与刀尖顶点形成的角度。
（6）刀刃（刃口）：是指刀身上用来切、削、砍的一边，一般情况下刃口厚度小于 0.5 毫米。
（7）刀尖倒角：是指刀尖部所具有的圆弧度。

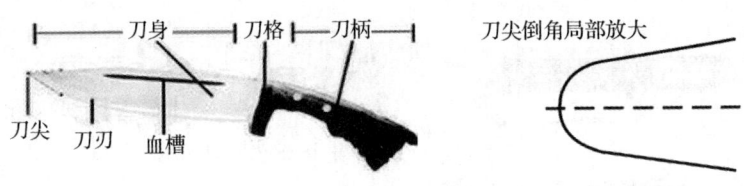

图 2.21　刀具相关术语

二、管制刀具的特征及认定标准

（一）管制刀具的特征

管制刀具是有较大威胁性的违禁物品，实际上是凶器，严禁任何单位和个人非法使用、制造和销售。但在我国的少数地区因管制不严，非法制造和贩卖管制刀具的现象不断发生。这类凶器有的不加伪装，从直观上一看就是刀具；但有的制造得非常巧妙，从外观上看是一件日常生活用品，而里面却隐藏着可用于犯罪的刀具。如果不认真仔细地检查，容易被劫机者带上飞机。一旦得逞，后果不堪设想。

（二）管制刀具的认定标准

管制刀具的认定标准参看公安部关于印发《管制刀具认定标准》的通知（公通字〔2007〕2号）。

（1）凡符合下列标准之一的，可以认定为管制刀具：

①匕首：带有刀柄、刀格和血槽，刀尖角度小于60°的单刃、双刃或多刃尖刀。

②三棱刮刀：具有三个刀刃的机械加工用刀具。

③带有自锁装置的弹簧刀（跳刀）：刀身展开或弹出后，可被刀柄内的弹簧或卡锁固定自锁的折叠刀具。

④其他相类似的单刃、双刃、三棱尖刀：刀尖角度小于60°，刀身长度超过150毫米的各类单刃、双刃和多刃刀具。

⑤其他刀尖角度大于60°，刀身长度超过220毫米的各类单刃、双刃和多刃刀具。

以上五条认定标准具体可参照图 2.22。

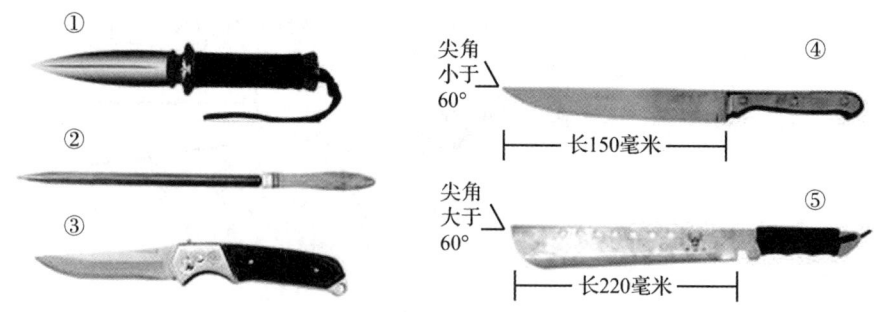

图 2.22 管制刀具认定标准

（2）未开刀刃且刀尖倒角半径大于 2.5 毫米的各类武术、工艺、礼品等刀具不属于管制刀具范畴。

（3）少数民族使用的藏刀、腰刀、靴刀、马刀等刀具的管制范围认定标准，由少数民族自治区（自治州、自治县）人民政府公安机关参照本标准制定。

从目前安检的现状来看，现场查获管制刀具的数量较大。所以，安检人员必须熟练掌握识别此类违禁物品的方法。

三、常见的管制刀具

（一）外观上能确定的管制刀具

除前文提到的匕首、三棱刀、弹簧刀等杀伤性极强的刀具外，锁刀、蝴蝶刀等刀具也属于管制刀具，如图 2.23。

1. 锁刀

锁刀是指刀身受外力展开后，可被卡锁固定而无法收回的刀具，同样是规定禁止携带和使用的刀具。

2. 蝴蝶刀

蝴蝶刀是指一种非典型折刀，它消除了对刀鞘的需求，可以方便安全地收为一半的长度，刀柄有着双重作用，既是刀鞘，也可以通过旋转组成一个坚固的手柄，绝大部分是由不锈钢制成的。

 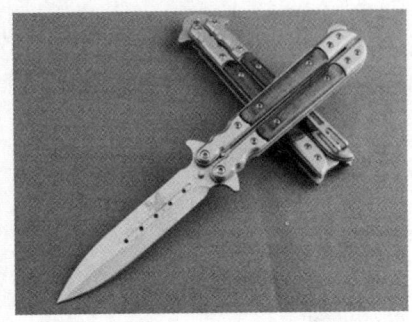

图 2.23　锁刀、蝴蝶刀

(二) 民族刀

有些少数民族有佩刀的习俗，并且形成了自己特有的风格，比如藏族、蒙古族、保安族、阿昌族等。刀既是一种实用的工具，也是一种装饰品，民族刀具见证了一个民族形成、发展和繁荣的历史。

前文中提到，根据《管制刀具认定标准》，少数民族刀具的管制范围认定标准，由当地人民政府公安机关参照本标准制定。这并不是指少数民族人员可以在任何地方携带刀具而不违法，而是有地域限制的，只能在相应的民族自治地区内佩带、销售和使用本民族刀具；在非民族自治地区，必须遵从当地的法规，不得佩带这类刀具。

1. 藏刀

藏刀（见图 2.24）又称藏腰刀，是藏族同胞生产生活中不可缺少的一种用具。其刀把多用以牛角、牛骨或木材制成，较高档的刀把用银丝、铜丝等缠绕，刀鞘则更为讲究，除较简单的只有木鞘或皮套外，多数是包黄铜、白铜，甚至包白银，并且上面刻有各种精美的

图 2.24　藏刀

飞禽走兽及花草等图案，有的还镶嵌各种宝石、镀金等，显得华丽和富有。

2. 蒙古刀

蒙古刀（见图2.25）是蒙古族牧民的生活用具，吃肉、宰牛羊用它，有时也当作生产工具，既是牧民不可缺少的日用品，又是一种装饰品。其刀身一般以优质钢打制而成，长十几厘米至数十厘米不等，钢火好，锋刃利。刀柄和刀鞘很讲究，有钢制、木制、银制、牛角制、骨头制等多种，有的镶嵌花纹图案和宝石，也有的还配有一双兽骨或象牙筷子。

图2.25　蒙古刀

3. 保安腰刀

保安族是著名的腰刀民族，保安腰刀（见图2.26）与藏刀、蒙古刀齐名，造型优美，线条明快，装潢考究，工艺精湛。它的出现与元代的军事活动密切相关，制造弓箭、土枪等冶铁技术使他们具备了雄厚的制刀资质。保安腰刀种类繁多，各具特色，最具有代表性的是"折花刀"。

图2.26　保安腰刀

（三）外观是日常生活用品的管制刀具

除上述提到的管制刀具外，还有一些案例中所涉及的刀具在外观上是普通的生活用品，但却符合管制刀具的认定标准。此类物品带有一定的隐蔽性，检查要非常谨慎。

手杖刀（剑）在安检中曾多次被发现，并在国外的一些礼品商店中也有出售，它的伪装性强，可用于自卫。与之类似的还有伞剑，两者如图2.27所示。

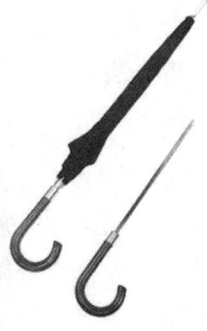

图2.27 手杖剑、伞剑

针对此类带有伪装性的刀具，安检人员需要通过各种方法，还原其原本的真面目。一旦它们在外形特征或刀身长度与刀尖角度等方面符合管制刀具的标准，在安检现场一律按管制刀具进行认定。

四、管制刀具的识别和处置

（一）识别方法

识别藏匿于行李中的管制刀具通常通过 X 射线机来进行。管制刀具一般由刀刃和刀柄所组成，有时还有刀鞘。由于这三部分的材质、形状、厚度可能不同，所以在 X 射线机显示的图像中往往可以看出不同组成部分的图像差异：刀身一般由金属制成，在 X 射线机图像中呈现蓝色，由于厚度和密度的不同，颜色深浅有所不同；刀柄和刀鞘部分根据其不同的材质也呈现深浅不同的颜色。同时还应注意，由于刀具在箱包内放置的角度不同，显示的图像有较大差异。

在对 X 射线机图像的识别工作中，安检人员要做到一丝不苟，善于抓住图像的主要特征。要注意日常生活用品的图像中，原来应该有的部分现在却未显示，或原本没有而此刻却多出来的部分，对于这些部位及物品应重点检查。如果在显示器中所呈现的图像不够清晰，必须开箱检查，直到确认清楚为止。

若旅客身上藏匿有管制刀具，通过安全门时会产生报警。根据其报警的部位可采用金属探测器或手工方式做进一步的检查，应特别注意人身检查的重点部位。安检人员只要认真细致，藏匿于身上的管制刀具是完全能够查出的。

（二）处置方法

通常情况下，对查获的管制刀具一律予以扣留，做好登记，并对携带者予以审查，送交机场公安部门处理。

少数民族人员或者境外旅客在少数民族自治区域内携运的民族类刀具，可放宽限制作为托运行李运输，但不得随身携带。

此外，对于除管制刀具以外的生活用刀和专业刀具，可在值机柜台办理托运；如来不及托运，也可以办理暂存手续。

五、典型案例

案例一：某日，在 B 机场航站楼的国际出发大厅，安检人员报警称，在一名旅客的托运行李中发现两把刀，经鉴定均符合管制刀具的认定标准，见图 2.28。据该旅客叙述，刀是在网上购买的，这次想把刀和其他行李物品一起托运到国外。鉴于该旅客的行为已构成非法携带管制刀具，机场公安给予其行政拘留的处罚。

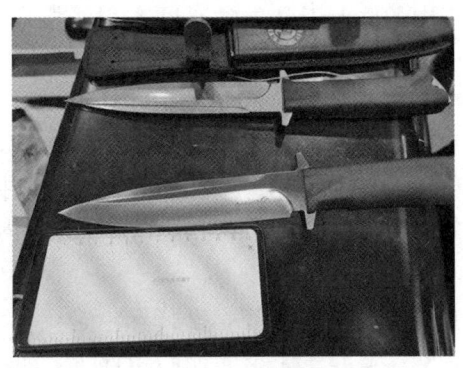

图 2.28　查获的两把管制刀具

案例二：某日上午，W 国际机场安全检查员在执行安检任务时，发现了一件可疑的行李，X 射线图像显示内有一把不小的刀具，便向物主进行核实。该旅客坚决否认自己携带刀具，开包员当即开包检查，一个不锈钢杯引起了他的注意，打开杯子后，一把刃长约 9 厘米的自锁弹簧刀果然藏匿其中。该旅客故意携带、隐匿管制刀具的行为，严重危及航空安全，安检员迅速将其移送机场公安机关审查，并同时取消了他的乘机资格。

思考与练习

1. 枪支可分为哪些种类？
2. 手枪主要由哪几部分组成？
3. 为什么安检工作中要将仿真手枪当作真的武器类违禁物品一样处置？
4. 安检部门对查获的枪支应如何处置？
5. 常见的军警械具有哪些？
6. 安检部门对查获的军警械具应如何处置？
7. 什么是管制刀具？请列举一些常见的管制刀具。
8. 管制刀具的认定标准有哪些？
9. 对于少数民族类刀具，公安部有哪些特别的规定？
10. 安检部门对查获的管制刀具应如何处置？

本章重要知识点讲解视频

非制式枪介绍

管制刀具的认定标准

第三章　易燃或易爆危险物品

第一节　燃烧原理

一、燃烧的定义及特点

我们要研究易燃易爆危险物品，就必须要先对燃烧有所了解。

燃烧是指可燃物与氧化剂作用发生的剧烈的化学反应，通常伴有发光、放热等现象。因此，发光、放热和氧化还原反应这三个要素须同时并存，才能判定为燃烧。例如，白炽灯泡虽有放热发光现象，但没有发生氧化还原反应，只是一种物理现象；金属生锈是一种氧化还原反应，但没有放热和发光；生石灰遇水反应是一个放热过程，但不发光也不是氧化还原反应。所以上述这些现象都不是燃烧。

二、燃烧的过程

可燃物质按物态可分为气态、液态、固态。对于固态和液态的可燃物质而言，燃烧一般不是物质的本身直接在燃烧，而是物质受热分解出的气体或蒸气在空气中的燃烧。因此，气体的燃烧相对而言比固体和液体要更容易。因为气体的燃烧不需要像固体和液体那样需经过熔化、蒸发等准备过程，在常温下就具备了燃烧的条件。各物态的燃烧过程如图3.1所示。

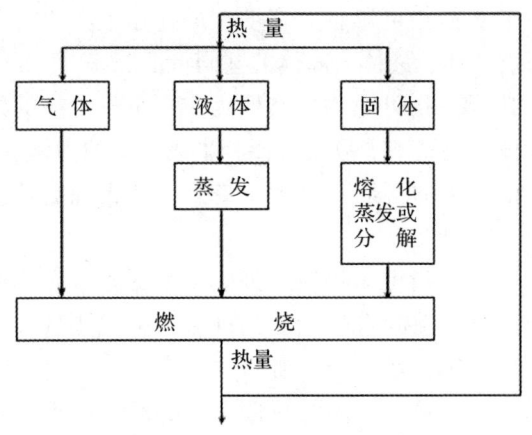

图 3.1 燃烧过程示意图

三、燃烧的速度

燃烧速度指的是单位时间燃烧掉可燃物的数量,反映了燃烧的快慢及难易程度。它的影响因素较多,概括起来有以下几点。

不同物质的燃速取决于该物质的组成成分。物质中含碳、氢、硫、磷等可燃性元素越多,燃烧越快;反之,则燃烧越慢。

同一可燃固体物质的燃速,取决于燃烧表面积与体积的比例。二者比值越大,供氧越充分,燃烧速度越快;反之燃烧速度则越慢。所以,颗粒状比块状的固体容易燃烧,粉末状固体则更危险。某些物质(如铝)呈块状时不燃,而粉末状时易燃,甚至会发生爆炸,所以铝块不是易燃物品,而铝粉则属于易燃物品。

物质的燃烧速度还与其还原性有关。可燃物通常在燃烧这个氧化还原反应中充当还原剂的成分。因此,可燃物的还原性越强,燃烧也就越快。

此外,燃烧速度还会受到外界压力、可燃物本身密度、与助燃物的比例等多种因素的影响。

四、燃烧的类型

燃烧按其氧化还原反应的速度和持续时间不同,一般分为着火、闪燃、自燃和化学爆炸等类型。

（1）着火。着火是指可燃物质在明火的作用下，持续而稳定的燃烧现象。这是所有可燃气体、液体、固体的共同特征。

（2）闪燃。闪燃是指可燃物质在明火作用下发生一闪即灭的燃烧。闪燃现象多见于液体，也见于少数能直接升华成气体的固体（如樟脑）。温度不高时，液体表面产生的可燃蒸气数量有限，遇火源能够被点燃，但不足以持续燃烧，故很快熄灭。

（3）自燃。自燃是指可燃物质靠外热积聚或自身发热达到一定的温度时，不需明火作用也会引起自发燃烧的现象。根据热量来源的不同，自燃可分为受热自燃和自热自燃。前者所需的热量由外界而来，如火焰隔锅加热引起锅内油的自燃；后者所需的热量由自身反应而得，如白磷露置于空气中发生氧化作用产生热量，从而引起自燃。

（4）化学爆炸。爆炸可分为物理爆炸、化学爆炸与核爆炸。化学爆炸属于燃烧的一种，是指物质在瞬间剧烈氧化或发生分解反应而产生大量的热和气体，并以巨大压力急剧向四周扩散和冲击，同时发生巨大响声的现象。

五、燃烧的条件

燃烧的发生必须同时具备以下三个条件。

（1）可燃物，也称燃料。不论固体、液体和气体，凡能与空气中的氧气或其他氧化剂发生反应而燃烧的物质，如木材、纸张、汽油、酒精、煤气等，均称为可燃物。

（2）助燃物。能帮助和支持燃烧的物质叫助燃物，一般指氧气和各种氧化剂。氧气是最主要也最易得到的助燃物，空气能助燃实质上是空气中的氧气在起作用，物质完全燃烧必须要有足够的氧气。例如，烧尽1千克木材需4~5立方米的空气，当空气中的氧气供应不足时，燃烧就会逐渐减弱，直至熄灭。

（3）火源。凡能引起可燃物质燃烧的能源都叫火源，如明火、摩擦、机械冲击、电火花、化学能、聚焦的日光等等。这些火源带来的初始热量触发可燃物最初的燃烧，其后产生的热量又能使燃烧不断持续下去，直到可燃物燃尽为止。不同的可燃物质，其最小着火热量和燃点是不同的。最小着火热量越小，则燃点越低，说明该物质越容易着火，火灾的危险性也越大。

以上三个条件如同三角形的三条边，组成一个燃烧三角形，如图3.2所示。它意味着可燃物、助燃物、火源这三个基本条件缺一不可，只有三者同时存在并达到一定的量，燃烧才能发生。若去除三角形中的任意一条边，三角形即不能成立；即去除燃烧的任何一个条件，火焰即告熄灭，燃烧终止。绝大多数的防火和灭火措施均是依据这个原理而制定的。

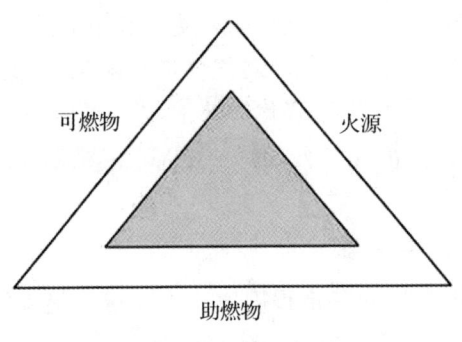

图3.2 燃烧三角形

第二节　液化、压缩和加压溶解气体

一、气体的定义及相关指标

一般而言，物质有三种状态：固态、液态、气态。气体指的是没有一定的形状和体积，可以流动的物质。与液体和固体不同的是，气体可以被压缩，原因在于其分子间隙较大。气体分子可以自由运动，充满着整个容器，因此气体的体积就是充满气体的容器的容积。气体分子不断地撞击容器的器壁，而产生对容器壁的压力作用，气体作用在器壁单位面积上的压力就叫作气体的压强。

为了便于包装、储运和使用，我们通常会对气体的体积和所处的状态进行一定程度的改变。

二、气体的不同处理方式

(一) 液化气体

1. 液化的目的

在正常情况下,少量的气体能够占据很大的空间。如在标准状态下(0℃,1个标准大气压下),1千克氢气的体积约为1317.6升;1千克氯气的体积约为315.5升。可见,这种情况对生产和生活都会造成很大不便,常见而又有效的手段是使气体液化。对气体进行降温和加压,就有可能使气体转化为液体,这个过程叫作液化。被液化的气体在名称之前往往冠以"液化"或"液态",如液化氢气(又称液氢)、液态氧气(又称液氧)和液化石油气等。

2. 临界温度与临界压强

气体只有将温度降低到一定程度时,再加压才能被液化。若温度超过某值,则无论加多大的压强都不能使气体液化,这个温度叫作临界温度。就是说,临界温度是加压使气体液化所允许的最高温度。不同的物质,其临界温度不同。气体处于临界温度时,还需要施加一定的压强才能被液化。在临界温度时,使气体液化所需的最小压强叫作临界压强,习惯上也把它称为临界压力。不同的物质,其临界压强也不同。表 3-1 为几种常见气体的临界温度和临界压强。

表 3-1 几种常见气体的临界温度和临界压强

气体名称		临界温度(℃)	临界压强(大气压)
氢气	H_2	-239.9	12.8
氧气	O_2	-118.8	49.7
氮气	N_2	-147.1	33.5
甲烷	CH_4	-82.1	46.3
氨气	NH_3	132.4	111.3
氯气	Cl_2	143.9	76.1

临界温度和临界压强是掌握物质相态的两个重要参数：

（1）当温度在某种气体的临界温度以上时，无论施加多大的压力都不能使该气体液化。

（2）当温度在某种气体的临界温度时，只需施加比临界压强稍大的压强就可使该气体液化。

（3）当温度在临界温度以下时，使气体液化所需的压强小于临界压强，而且温度越低，所需施加的压强越小。

（4）临界温度越高的气体，通常越容易被液化。因此对于临界温度远高于常温的气体，往往以液态的形式加以储存，如氯气、氨气等。

（二）压缩气体

对于临界温度较低而不方便液化的气体，往往进行压缩处理，压缩后的气体必然导致内部压强增大。按规定压力装灌在合乎质量要求和安全标准容器内的气体，在正常情况下不会发生危险。但当气瓶受到剧烈撞击、震动会使容器内的压力骤增，一旦超过容器的耐受力时，就可能发生气瓶爆炸。另外，气体的温度对压强影响很大，当体积不变时，温度每升高1℃，压强就会增加其在0℃时压强的1/273，所以装满气体的钢瓶因受热也会引起内装气体压强增大。以上情况均有可能使气瓶的内部压强超过容器的耐受力，从而造成物理爆炸。气瓶爆炸后，有可能紧跟而来的是内部易燃气体的化学爆炸或有毒气体的扩散，产生更为严重的后果。

（三）加压溶解气体

一些液体对某种气体有特别大的溶解性，就像氨可以大量溶解在水里，乙炔可以大量溶解在丙酮中，利用这个性质可以储运某些不易液化或压缩的气体。例如，乙炔钢瓶内填充有许多多孔性材料，先注入丙酮，然后再把乙炔加压灌入，使之溶解在丙酮中。这种溶解在溶剂中的气体，我们把它称为加压溶解气体。

其危险性在于，溶解有气体的溶剂受热以后，气体会大量地逸出，造成容器的内压急剧增大，从而引起物理爆炸。另外，许多溶解气体的溶剂本身还是易燃的有机溶剂，这样就有可能造成更大的事故。

三、气体的化学分类

各种气体按其化学性质可分成三个小项,分别是易燃气体、非易燃无毒气体和毒性气体。

(一) 易燃气体

气体"容易"或"不易"燃烧一般是以燃烧极限来衡量的。易燃气体指的是在20℃和标准大气压下,与空气混合的燃烧下限不超过13%,或与空气混合的燃烧浓度范围不小于12%的气体。这类气体泄漏时,遇明火或高温,很容易发生燃烧或爆炸,反应后的生成物可能对人体具有一定的刺激或毒害作用。

燃烧需要氧气,某种可燃气体与空气混合后,如果可燃气体的浓度太高或太低,都会使燃烧无法进行。可燃气体与空气混合后遇火源引起燃烧或爆炸的浓度范围,称为该物质的燃烧极限,也称为爆炸极限,用可燃物占全部混合物的百分比浓度(%)来表示。混合气体发生燃烧或爆炸的最低浓度称为燃烧下限,最高浓度称为燃烧上限,燃烧上限与燃烧下限之差,称为燃烧范围。若记 X_1 为燃烧下限,X_2 为燃烧上限,则燃烧范围是 X_2-X_1。浓度在上、下限之间的混合气体称为可燃性混合气体。

可以理解,燃烧范围越大,则其发生燃烧的可能性越大,即越易燃,也越危险。气体的燃烧下限越低,则一旦气体泄漏于空气中进入燃烧范围的可能性也越大。综合以上两方面因素,我们以 H 表示危险程度,将燃烧范围作为分子,燃烧下限作为分母,可得到公式 $H=\dfrac{X_2-X_1}{X_1}$,H 值越大,则表明该气体越危险。

可燃液体的蒸气通常视作可燃气体同等看待,因此上述关于燃烧极限和危险度的概念同样也适用。

一些主要的可燃气体和可燃液体蒸气的燃烧极限见表3-2。其中 H 值大的有二硫化碳、乙炔、氢气、硫化氢、乙烯等;H 值小的是甲烷、氨,这与实际的危险性是相符的。

表 3-2　可燃气体和可燃液体蒸气的燃烧极限表

可燃气体	爆炸极限		危险度 $H = \dfrac{X_2 - X_1}{X_1}$
	下限（%） X_1	上限（%） X_2	
二硫化碳	1.3	44	32.8
乙炔	2.5	81	31.4
氢气	4.0	75	17.7
硫化氢	4.3	45	9.5
乙烯	3.1	32	9.3
一氧化碳	12.5	74	4.9
苯	1.2	7.8	5.5
丙烷	2.2	9.5	3.3
丙烯	2.4	10.3	3.3
乙烷	3.0	12.5	3.2
乙醇	3.3	19	4.8
丙酮	3.0	11	2.7
甲烷	5.3	14	1.7
氨	15.0	28	0.9

（二）非易燃无毒气体

非易燃无毒气体在化学性质上没有明显的易燃性或毒性，如各种窒息性气体、氧化性气体和不被列入其他分项的气体，也包括一些处于低温状态下的液化气体。

这类气体泄漏时，遇明火不燃；吸入体内无毒，无刺激，没有腐蚀性。但这类气体并非没有危险，有些在高浓度时同样会有窒息作用。必须给予重视的是，有些气体如氧气、压缩空气、一氧化二氮等本身虽不可燃，但它们有强烈的氧化作用，可以帮助燃烧，也被称为助燃气体。助燃气体的实质是气态的氧化剂，它甚至比液态或固态的氧化剂具有更强的氧化作用。

（三）毒性气体

毒性气体包括各种已知其毒性或腐蚀性危害人类健康的气体，是指根据实验急性半数致死浓度 $LC_{50} \leqslant 5000 \text{ mL/m}^3$ 的毒性或腐蚀性气体。

这类气体泄漏时，对人畜有强烈的毒害、灼伤、刺激作用，其中有些还同时具有易燃性或氧化性。这类气体的毒性指标应满足毒害品的有关规定，主要的毒性气体有氯气、氰气、光气、二氧化硫、一氧化碳、氨气等。

四、气体的危险性及常见代表

（一）危险性

常温常压条件下属于气态，经压缩、液化或加压溶解处理后，贮存于各式耐压容器中的各类气体，由于容器内外的压力差以及外界各种因素的影响，使得它们存在一定物理爆炸的可能，再加上其本身的化学性质，在运输中可能产生多种危险。

1. 易燃烧或爆炸

这些气体都是灌装在耐压容器中，内部承受着相当大的压力，其容器本身就是一种危险物品。由于受热、撞击等原因造成容器内压力的急剧升高，或者由于容器内壁被腐蚀、容器材料疲劳等原因使容器的耐压强度下降，都会引起容器的破裂甚至爆炸。而气瓶发生物理爆炸后，内部的气体逸出并与空气混合，处于燃烧浓度范围内的易燃气体，遇到火源就会燃烧甚至爆炸，随之产生更为严重的后果。

2. 扩散性

由于气体的分子间距大，相互作用力小，所以非常容易扩散，能自发地充满任何容器。压缩气体和液化气体一旦泄漏弥散在空气中，比空气轻的气体在空气中可以迅速扩散，易与空气形成爆炸性混合物；比空气重的气体往往聚集在地表、沟渠、隧道、厂房死角等处，长时间不散，遇着火源发生燃烧或爆炸。而许多气体的泄漏可能对人的呼吸系统造成影响，使人窒息死亡。

3. 其他危险性

有些气体具有腐蚀作用，严重时可导致设备产生裂缝和漏气。对这类气体的容器,要采取一定的防腐措施,定期检验其耐压强度,以防万一。还有部分气体具有一定的毒害性,如氯气、一氧化碳等。同时还应注意某些助燃性的气体,在储存、运输和使用中要与其他可燃气体分开。

(二) 常见的气体

1. 氧气（O_2）

氧气是无色无味的气体,微溶于水,液氧为淡蓝色。氧气的沸点-183℃,临界温度-118.8℃,临界压强49.7个标准大气压。氧气的化学性质比较活泼,除了稀有气体、不活泼的金属元素如金、铂、银之外,大部分的元素都能与氧气反应,这些反应称为氧化反应,而经过反应产生的化合物（由两种元素构成,且一种元素为氧元素）称为氧化物。

氧气是生命的基础条件,在缺氧的情况下,可导致人类头部、肺部和循环系统出现问题,甚至死亡。氧气具有助燃性,它的浓度对化学性质有很大的影响。空气中氧的含量不多,棉花、酒精等在空气中只能比较平缓地燃烧,超过正常比例的氧气能使燃烧变得迅猛。铁在空气中与氧的反应是生锈,而铁丝能在纯氧中剧烈燃烧。油脂在纯氧中的反应也要比在空气中剧烈得多,当高压氧气喷射在油脂上就会引起燃烧甚至爆炸,所以氧气气瓶（包括空瓶）在运输过程中须绝对禁油。图3.3为潜水用的氧气瓶。

图3.3 潜水用氧气瓶

2. 氢气（H_2）

氢气是最轻的气体,约为空气的1/14,所以氢气可作为飞艇、氢气球（见图3.4）的填充气体（由于氢气具有易燃性,安全性差,飞艇现多用氦气填充）。氢气无色透明，无臭无味，极难溶于水，临界温度为-239.9℃，临界压强为12.8个标准大气压。

氢气易燃，纯净的氢气在空气中燃烧平静，火焰为淡蓝色，氢气的燃烧极限极宽，所以它是一种极危险的气体。氢气与空气或氧气混合后，遇明火会发生强烈爆炸。旅客如携带有小孩玩的氢气球等，应当拒绝让其携带上飞机，因为市面卖的气球许多是用氢气填充（比用氦气填充的成本低），如果氢气球上有静电或者遇上烟头、火花很容易被引爆，具有很大的危险性。

图3.4 氢气球

3. 氯气（Cl_2）

氯气，又名液氯，常温下呈黄绿色（如图3.5），是一种有强烈刺激气味的有毒气体，密度比空气大，可溶于水。氯气的临界温度为143.9℃，临界压强为76.1个标准大气压。常温下只需加6个大气压就会使氯气液化，故氯气总是在液化的状态下储存运输，称为液氯。

图3.5 氯气

空气中的氯气最高允许浓度为1 mg/m^3，超过一定量的氯气被人吸入后，会发生咽喉、鼻、支气管痉挛，眼睛失明，并导致肺炎、肺气肿、肺出血；严重的会危及生命，导致中毒死亡。

氯气的相对密度约2.48，所以，氯气泄漏在空气中会沉在下部沿地面扩散，使地面人员受害。氯气溶于水，常温下1体积水可溶解2.5体积的氯气。氯气瓶漏气时，可大量浇水，或迅速将其推入水池，同时用潮湿的毛巾捂住口鼻，以减轻危害。

氯气性质活泼，有极强的氧化性，例如，钠可以在氯气里剧烈燃烧，产生大量的白烟并放热；铜在足量氯气中燃烧生成氯化铜。氯气与氢气的混合气体遇光照会发生爆炸,氯气与有机物接触也会发生剧烈反应。总而言之,氯气危险性极大,故绝对禁止被带上飞机。

4. 氨气（NH_3）

氨气,又名液氨,是一种无色、有毒、有刺激性的气体,相对密度约为0.59。氨气的临界温度132.4℃,临界压强为111.3个大气压。在常温下大概需要7~8个大气压即可将氨气液化为液氨存放,如图3.6。氨气极易溶于水,在标准状况下,1体积的水可以溶解700体积的氨气。所以,当液氨钢瓶漏气时,可以大量浇水或将之浸入水中,可以暂时减少进入空气中的氨气量,以免发生更大的事故。

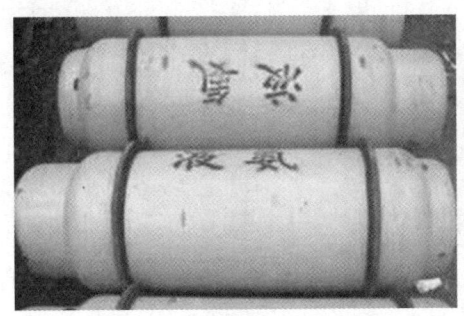

图3.6 液氨

氨气是有毒气体,对皮肤黏膜有刺激及腐蚀作用,高浓度可引起严重后果,如化学性咽喉炎、化学性肺炎等,吸入高浓度氨气可引起反射性呼吸停止、心脏停搏。但少量的氨气能刺激神经,昏迷的人嗅到氨气可以恢复知觉。所以,有时也用很稀的氨气来急救昏迷的病人。

氨的水溶液叫作氨水,无色、有刺激性气味,具有部分碱的通性,与酸中和反应产生热,有燃烧爆炸危险。氨水有一定的腐蚀作用,对铜的腐蚀比较强,对木材也有一定腐蚀作用。氨水易挥发出氨气,温度越高、浓度越大,其挥发性越强。因此,此类物品也被禁止带上飞机。

5. 乙炔（C_2H_2）

乙炔俗称电石气,在室温下是一种无色的气体,相对密度0.91。纯乙炔是无臭的,但工业用乙炔由于含有硫化氢、磷化氢等杂质,而有一股大蒜的气味。乙炔极易燃烧,也极易爆炸,燃烧极限为2.8%~81%,因此是一种危险的气体。它在氧气中燃烧时带浓烟，火焰明亮，火焰温度很高（>3000℃），常用于气焊和气割。

乙炔与铜、银等重金属或其盐类接触能生成乙炔铜、乙炔银等爆炸性混合物，当受到摩擦、冲击时会发生爆炸。因此，凡供乙炔使用的器材都不能用含铜量70%以上的铜合金制造。乙炔还能与氢气、氯气、氯化氢、硫酸等多种物质发生反应，因而具有较大的危险性。乙炔属于危险品，严禁旅客带上飞机。

图3.7 乙炔气瓶

乙炔在丙酮溶液中能保持稳定。1体积丙酮在常压下可溶解25体积的乙炔，在12个标准大气压下可溶解300体积乙炔，所以经常将丙酮注入乙炔钢瓶，然后通入加压后的乙炔使其溶解于丙酮中。这样，对于乙炔气瓶来说不仅因所装的乙炔气体有较大的危险性，同时作为溶剂的丙酮又是一种极易燃的液体，还具有一定的内压。因此，乙炔气瓶具有极大的危险性，如图3.7。常见的内含有乙炔气瓶的装置如小型的电焊或气割装置。

6. 石油气

石油气是石油在提炼汽油、煤油、柴油、重油等油品过程中剩下的一种石油尾气，通常是由1~5个碳原子组成的烃类混合物。我们常见的液化石油气，主要是由丙烷、丙烯、丁烷、丁烯组成，它们都很容易燃烧，可以用作燃料。不过，这些气体在常温下如果以气态的方式存在，储存和运输很不方便；但只要略微加压，它们就会变成液体，这样就可以装进钢瓶便于日常使用。加压液化的石油气一旦受热会重新变成气体，使得钢瓶内的压力增大，很容易引起爆炸事故。

总体而言，石油气的燃烧范围并不宽，不能算是最危险的气体。可是，石油气数量最多，使用范围广，接触的人也最庞杂，所以说石油气是带给人们财富和方便的气体，也是给人们造成麻烦最多、损失最大的气体。

此类违禁物品常见于带有液化石油气燃料钢瓶的野营炉、含烃类气体的卷发器或理发吹干器、气体打火机、给打火机充气的丁烷气罐等物品（见图3.8），一旦内部危险气体泄漏可能会造成严重的后果。

图3.8　液化石油气和打火机气体

7. 一氧化碳（CO）

在标准状况下，一氧化碳为无色、无臭、无刺激性但有剧毒的气体，其密度与空气相差很小，极难溶于水，与空气混合后的燃烧极限为12.5%~74.2%。它在燃烧时发出蓝色的火焰，放出大量的热，因此一氧化碳可以作为气体燃料。一氧化碳也是还原剂，高温环境下能将许多金属氧化物还原成金属单质，因此常用于金属的冶炼。另外，一氧化碳被人体吸入后，极易与血红蛋白结合，形成碳氧血红蛋白，使血红蛋白丧失携氧的能力和作用，造成组织窒息，严重时可能导致中毒死亡。

8. 甲烷（CH_4）

甲烷是最简单的有机物，在自然界分布很广，是天然气、沼气等的主要成分，俗称瓦斯。它是无色、无臭、无毒的气体，微溶于水，易燃，燃烧极限约5%~14%。通常情况下，甲烷比较稳定，但与空气混合能形成爆炸性混合物，遇热源和明火有燃烧爆炸的危险，与氯气、液氧和其他强氧化剂接触发生剧烈反应，所以在储存的时候要远离火种、热源。

甲烷对人基本无毒，但浓度过高时，空气中氧含量明显降低，可引起头痛、头晕、乏力、注意力不集中、呼吸和心跳加速等，甚至可能导致窒息死亡。

9. 甲醛（HCHO）

甲醛是无色、有刺激性气味的气体，相对密度1.07，易溶于水和乙醇，35%~40%的甲醛水溶液俗称福尔马林，是有刺激气味的无色液体，具有防腐、消毒和漂白的功能。甲醛气体易燃，与空气易形成爆炸性混合物，燃烧极限 7%～73%。

甲醛的主要危害表现为对皮肤黏膜的刺激作用，甲醛在室内达到一定浓度时，人就有不适感。急性大量接触时，会导致细胞蛋白质变性，可直接引起流泪、喉部不适，也会引起恶心、呕吐、咳嗽、胸闷、哮喘甚至肺气肿等。甲醛是世界卫生组织所列的致癌物质之一，新装修的房间甲醛含量较高，立即入住可能会导致疾病的发生。

五、气体的识别和处置

（一）识别方法

民航安检中遇到的气体类违禁物品往往是装在储气瓶或储气罐内的，多见于旅客在行李中夹带。这类储气瓶或储气罐为了能承受一定的压力，在其底部一般具有内凹半周的特征，另外瓶口还设有气阀。安检人员在用X射线机检查时，应抓住这些比较明显的特征。

此外，在进一步的开包检查时，可以根据该类气瓶或气罐外表相应的危险性标志来判断。应注意对可能携带各类气体的人员作重点检查，常见的有登山者、野营者和徒步旅行者，要仔细检查他们的行李中是否夹带有气体燃料罐或氧气瓶。还有化妆品推销员和家电修理人员等，也需要重点关注。

安检人员应熟悉各类危险物品相应的标识，图3.9为各类气体的危险性标签。

图3.9　易燃气体、非易燃无毒气体、毒性气体的危险性标签

（二）处置方法

1. 允许旅客限量携带的气体的种类和数量

为了保证航空安全，同时又为旅客的旅途生活提供方便，我国民航对旅客携带的日常生活用品类的气瓶或气罐的量作了明确的规定。

气溶胶类化妆品（如摩丝）、药品等，以容器容积限量100毫升为准，且每种物品限带一件（若容器上印有易燃标志，则不可携带）；若超量则必须托运，或交给送机亲友带回，也可以由机场暂存。

2. 不准旅客携带的气体

此类物品包括：

（1）催泪气体的气溶胶或装置；

（2）带有压缩气体或液化气体燃料的野营炉，常见的燃料有丁烷、液化石油气、天然气及煤气等，钢瓶或气罐即使是空的也不准携带；

（3）潜水用的氧气瓶和冰箱、空调用的氟利昂钢瓶；

（4）销售人员或从事修理业的人员携带的气体或气体装置；

（5）依据2008年4月7日中国民用航空局发布《关于禁止旅客随身携带打火机、火柴乘坐民航飞机的公告》〔2008〕3号，液化气体为燃料的打火机不得随身携带，也不得在托运行李中夹带。

对查获的非生活用品类或来路不明无法判明其性质的气瓶或气罐，应予以扣留。如携带者形迹可疑，应将其移交机场公安审查。

六、典型案例

案例一：某日，S机场行检科开机员在一件托运行李中发现多个类似压力罐的可疑物品，便立即通知开箱员对此行李实施严格的手工开箱检查。经开箱检查发现，该行李中的空气清新剂瓶内所装的并非真正的清新剂，而是液化丁烷气体。携带者持叙利亚护照前往大马士革，行李内共有压力罐7罐（有喷嘴），每罐300毫升，后移交公安处理。

案例二：某日，W机场安检员在安检现场对一名女性旅客的随身行李进行检查时，发现图像中有两罐不明气体，经开包检查发现其携带的气罐内的气体是一氧化二氮（笑气），化学式N_2O。这是一种无色有甜味的气体，有轻微麻醉作用，使用后能使人产生愉悦感，并能致人发笑。但它进入血液之后会导致缺氧，若一次性超量摄入，甚至可能直接导致窒息死亡。一氧化二氮作为一种法定的危险化学品，是严禁通过随身携带或者托运等任何方式带上飞机的。该旅客自称受他人蛊惑，将笑气放入行李箱中带走，而她自己对笑气的危害却一无所知。最后安检部门将人和物移交公安机关依法处理。

第三节 易燃液体

一、易燃液体的定义及分类

（一）定义

各类液体、溶液、乳状液或悬浮液，若满足闭杯试验闪点不高于60℃，或开杯试验闪点不高于65℃，均可称为易燃液体。

（二）分类

易燃液体主要的危险性是燃烧和爆炸。衡量液体易燃易爆危险程度的参数有闪点、沸点、着火点、燃烧极限和蒸气压力等，其中最主要的是闪点和沸点，可根据这两个参数对易燃液体进行分类。

1. 闪点

闪点是发生闪燃的最低温度，是衡量液体易燃性最重要的指标。如果可燃液体的温度高于其闪点时，随时都有接触火源而被点燃的危险。在闭杯闪点不高于60℃的易燃液体中，通常低于-18℃为低闪点易燃液体，高于等于-18℃而低于23℃为中闪点易燃液体，高于等于23℃而低于等于60℃为高闪点易燃液体。

2. 沸点

沸点是指液体沸腾时的温度。如果液体达到沸点后继续受热，越来越多的液体进入气相，其蒸气压也随之上升。所以沸点低的液体很容易气化，其液面附近的蒸气浓度和蒸气压都较大，易与空气形成爆炸性混合物。因此在危险品运输中，以35℃的沸点与相应的闪点作为划分易燃液体危险包装等级的界限，如表3-3所示。

表 3-3　易燃液体包装等级表

包装等级	闪点（℃）	沸点（℃）
Ⅰ	/	≤35℃
Ⅱ	<23℃	>35℃
Ⅲ	≥23℃且≤60.5℃	

二、易燃液体的特性及常见代表

（一）易燃液体的特性

能够被点燃的液体很多，但燃烧的难易程度有很大的差异。例如，在常温下点燃汽油要比点燃菜油容易得多。那么为什么会存在这样的差异呢？在弄清这一问题之前，先要讨论一下易燃液体的性质。

1. 易挥发性

易燃液体的分子是处在不停的运动之中的，一些能量高的液体分子在运动中会克服液体分子间吸引力而成为气体，这个过程称之为"气化"。如果只发生在液体的表面，又可称为"蒸发"；如果在液体表面和内部同时发生剧烈的气化现象，则是"沸腾"。在外界压强一定的情况下，在达到某一特定的温度时，沸腾才能发生，液体沸腾时的温度称为沸点，而蒸发可以在任何温度下进行。对同一液体，蒸发的速度受外界温度、液体的表面积大小、与液体表面接触的空气流动速度三个因素的影响。在相同的条件下，不同液体的蒸发速度也是不同的。

一般来说，沸点较低的液体，其蒸发速度较快，即挥发性较大。而易燃液体大多是低沸点的液体，在常温下就能不断地挥发，如乙醚、乙醇、丙酮和二硫化碳的挥发性都较大。

2. 易燃性

易燃液体的燃烧是通过其挥发出的蒸气与空气形成可燃性混合物，达到一定的浓度后遇火源而实现的，这个浓度范围同样称为燃烧极限（或爆炸极限）。由于易燃液体的沸点都很低，较容易挥发出易燃蒸气，其着火所需的能量很小。

闪点越低的液体，其易燃性也就越大。当液体的温度升高，超过闪点温度之后，放出蒸气的量足以维持燃烧时的温度，这个温度称为着火点或燃点。对同种液体来说，着火点一定高于闪点。如采用着火点来控制易燃液体的安全已为时过晚，所以现在世界各国都以闪点作为衡量易燃液体的标准。

3. 麻醉性与毒性

绝大多数易燃液体都具有一定的麻醉性和毒性，可能对人体造成危害。例如苯是有毒的，吸入后对人体器官会造成一定的伤害；工业上使用的甲醇具有明显的毒性，有不法商贩用掺有甲醇的工业酒精勾兑白酒牟利，导致受害者双目失明甚至死亡。常见的乙醇虽是无毒的，但它在人体内能对人的中枢神经系统起抑制作用，经常饮用会引起肝的严重损坏。乙醚在医学上常常用作麻醉剂。

4. 溶解性与比重

易燃液体在水中的溶解性是一个非常重要的性质。因为，易燃液体一旦着火，首先考虑的问题是最常用的灭火工具——水是否可以灭火。这个问题与易燃液体在水中的溶解性及其本身的比重有着密切的关系。比重，也称相对密度，液体物质的比重是相对水测定的，大部分易燃液体的密度小于水，即比重小于1，如苯的比重为0.88，酒精的比重为0.79。

从理论上讲，如果某种易溶于水的易燃液体发生火灾时，当数量不多时，则不论其比重大小都可以用水来扑救，如乙醇。这是因为大量的水与易燃液体混合在一起，可以降低易燃液体的温度，减少继续挥发出可燃蒸气的数量，有效地起到抑制作用，但要注意尽量避免火势扩散。某易燃液体如果不溶于水且比重小于1时，它会浮在水面上，随着水的流动而使火灾蔓延，故此类易燃液体起火造成的火灾禁止用水扑救，如汽油。如果该液体的比重大于1，则水能覆盖在易燃液体的上面，使之与空气隔绝达到灭火的效果，这种类型的火灾可考虑用水来扑救，但同样要注意防止火势扩散，如二硫化碳。

（二）常见的易燃液体

1. 乙醇（CH_3CH_2OH）

乙醇俗称酒精（见图3.10），在常温常压下是一种易燃、易挥发的无色透明液体，密度是 0.79 g/cm³（20℃），闪点约13℃。乙醇能与水、醚、苯类和其他有机溶剂混合。

乙醇的主要危险性在于易燃，遇到高热、明火有燃烧或爆炸危险，燃烧时发出蓝色火焰，蒸气能与空气形成爆炸性混合物，燃烧极限约为 3.3% ~ 19%。其蒸气比空气重，能在较低处扩散到相当远的地方，遇火源发生燃烧。正因为其易燃易爆的特点，乙醇是不允许携带和托运的，含有酒精的化妆品、消毒湿巾或者药品，酒精类饮料等也具有一定的危险性，所以携带也有一定的限制。另外，酒精还是一种麻醉剂，长期受较大剂量作用时，可使神经系统、肝脏、

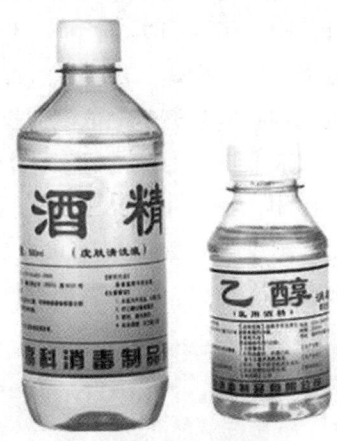

图 3.10　乙醇（酒精）

心血管系统、消化器官等发生严重器质性疾病，一次性饮用大量的酒会对中枢神经系统产生先兴奋后抑制的作用，重度中毒可使呼吸、心跳抑制而死亡。

白酒的主要成分是乙醇和水，白酒上标明的度数，就是指这种酒中乙醇的体积百分比或者质量百分比。为牟取暴利，有的不法商贩用工业酒精勾兑白酒贩卖；而工业酒精中含有大量甲醇，会破坏人的视神经系统，严重的会造成失明，甚至危及生命。为了防止已含甲醇的乙醇被饮用，故将此种酒精着色，称为变性酒精。

2. 苯（C_6H_6）

苯在常温下是一种无色透明、有芳香气味的液体，密度小于水，为 0.88 g/cm³。苯难溶于水，易溶于有机溶剂，本身也可作为有机溶剂。苯是重要的工业原料，经取代反应、加成反应、氧化反应等生成的一系列化合物可以作为制取塑料、橡胶、纤维、染料、去污剂、杀虫剂等的原料。

苯的主要危险性在于易燃，遇高热、明火极易引起燃烧爆炸，其蒸气能与空气形成爆炸性混合物，闪点 -11℃，燃烧极限 1.2% ~ 7.8%。在灭火时可使用泡沫、干粉、二氧化碳、砂土，用水灭火无效。苯有毒，挥发性大，暴露于空气中很容易扩散，可经呼吸道、消化道和皮肤吸收，影响神经系统、造血器官、肝和肾，重者可导致死亡。

3. 汽油

汽油（见图3.11）在常温下为无色至淡黄色的易流动透明液体，主要成分是碳原子数为7~12的烃类混合物。其难溶解于水，比重小于1，挥发性极强，极易燃烧。汽油蒸气能与空气形成爆炸性混合物，遇明火、高热、强氧化剂有引起燃烧的危险，燃烧极限1.4%~7.6%。

汽油低毒，但吸入、食入汽油或经皮肤吸收汽油，对中枢神经系统有麻醉作用，轻度中毒症状有头晕、头痛、恶心、呕吐、步态不稳、供给失调，高浓度吸入会出现中毒性脑病，极高浓度吸入会引起意识突然丧失、反射性呼吸停止，可伴有中毒性周围神经病变及化学性肺炎。

图3.11 汽油

4. 乙醚（$C_4H_{10}O$）

乙醚是一种无色透明液体，有特殊刺激性气味，极易挥发，相对密度0.71，沸点34.6℃，闭杯闪点-45℃，易燃、低毒。乙醚在医学上可用作麻醉剂，若急性大量接触，早期出现兴奋，继而嗜睡、呕吐、面色苍白、脉缓、体温下降和呼吸不规律，会有生命危险。

5. 二硫化碳（CS_2）

二硫化碳是无色或淡黄色易挥发的易燃液体，纯净的二硫化碳有微弱的芳香味，不纯的工业品因为混有其他硫化物而带有令人不愉快的烂萝卜味，密度为1.26 g/cm³，不溶于水，溶于乙醇和醚等多数有机溶剂。

二硫化碳极度易燃，闪点-30℃，自燃点90℃，燃烧极限1.3%~44%，蒸气即使接触亮着的普通灯泡也可被点燃，能与空气形成燃烧范围宽广的可燃性混合物，受热分解释放出有毒的硫化物烟雾。二硫化碳与铝、锌、钾、氟、氯、叠氮化合物等反应剧烈，有爆炸的危险，其经高速冲击、震动、激荡后可因静电放电而引起燃烧爆炸。

二硫化碳是损害神经和血管的毒物，高浓度蒸气会产生麻醉作用，使人失去知觉，对眼睛、皮肤和呼吸系统有刺激性。重度中毒可出现昏迷、丧失意识，伴有抽搐，可因呼吸中枢神经麻痹而死亡。

6. 油漆

油漆一般是由溶剂、颜料和一些特殊的化学成分组成的，大多数油漆易燃，遇明火、高热、氧化剂有燃烧的危险。油漆蒸气能与空气形成爆炸性混合物，遇明火会引起燃烧甚至爆炸。

油漆中含有对人体有害的有机物质和挥发性溶剂，挥发的蒸气对人体有毒，超过一定浓度时，对人体神经有刺激和破坏作用，可导致头痛、恶心、呕吐、疲劳等。

三、易燃液体的识别和处置

（一）识别方法

易燃液体类违禁物品多藏匿于行李物品中。识别藏匿于行李中的易燃液体，一般是观察在 X 射线机中所显示的图像内有没有盛装液体的容器，如有的话进一步观察其所装的液体的量是否正常。特别应注意的是该容器内的液体是否过满或过少，这时就要确认其中所装的液体是否是该容器原本的液体。液体在 X 射线机中一般都呈现出橙色，如果图像中出现了液体的特征，就必须开包检查来判定该液体是否属易燃液体。此外，各种新式的液体检查仪也已逐步投入应用（如图 3.12），能够利用电磁技术、X 射线技术、拉曼光谱技术等原理快速判别液体的性质，无须开瓶。

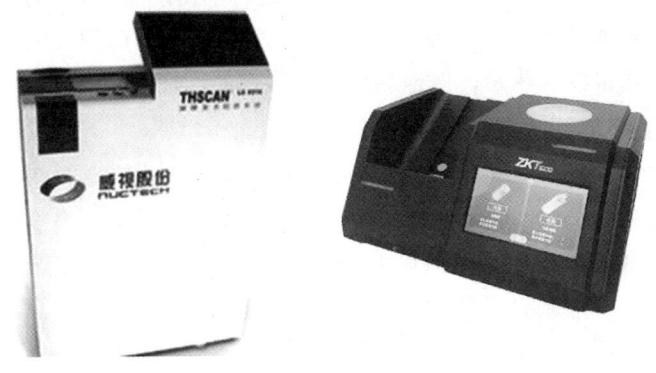

图 3.12　液体检查仪

安检人员要特别注意防止犯罪分子将易燃液体伪装于其他包装容器内。在开箱包检查中，如果发现盛装有液体的容器时，应对携带者进行询问。如可询问"这里面所装的液体是什么"，并同时注意旅客的表情，观察其在回答问题时是否自然。

对于非原封装的液体，可采用闻的方法加以识别。这是因为易燃液体一般具有较强的挥发性，采用招气入鼻的方法，判断其是否具有酒味、汽油味或其他刺激性气味。对于难以启盖的透明容器，可用摇动的方法来识别。一般来说，易燃液体经摇动以后，产生的气泡会迅速地消失，且气泡消失越快，则越易燃。为了进一步判断是否为易燃液体，可采用试烧的方法。就是用纸条蘸取少量待测液体试烧，从燃烧的难易程度上来判断。这种方法比较直观，但要注意在空气流通或较大的空间内进行，以防发生意外。

图 3.13　易燃液体危险性标签

易燃液体的危险性标签如图 3.13 所示。

（二）处置方法

1. 禁止携带和托运

一律不得随身携带或托运易燃液体，若在安检现场查获旅客在行李中携带的来路不明的易燃液体，应立即予以扣留，人员交由公安部门审查处理。

对于一些生活物品，诸如高浓度白酒、双飞人药水等物品，如果酒精浓度超过了 70%，通常视作易燃液体，乘机时不得随身携带和托运。此外，疫情期间旅客携带酒精含量超过 70% 的医用酒精、消毒剂、消毒湿巾、免洗洗手液的现象较为普遍，但根据规定这些物品同样属于违禁物品。

2. 限量放行

2008 年 3 月 14 日，中国民用航空总局《关于禁止随身携带液态物品乘国内航班的公告》（民航〔2008〕2 号）中规定："乘坐国内航班的旅客一律禁止随身携带液态物品，但可办理交运，其包装应符合民航运输有关规定。旅客携带少量旅行自用的化妆品，每种化妆品限带一件，其容器容积不得超过 100 毫升，并应置于独立袋内，接受开瓶检查。"因此，对于化妆品类液体，虽然可能含有一定的易燃成分，但出于人性化考虑，予以限量随身携带，对于这类物品的超额部分予以暂存或托运。

以上规定可以看出，目前民航局对液体的携带要求非常严格，以确保绝对安全。

四、典型案例

案例一：某日，A机场国际科开机员发现一旅客的行李内有类似医用酒精瓶的物品，便马上控制住该可疑行李，通知开箱员进行开箱检查，开箱员打开行李后，立即闻到了一股强烈的酒精味，发现该旅客携带了一瓶重量为0.2千克、浓度为75%的医用酒精，由于瓶口松动，一瓶酒精已经完全洒在棉衣上。之后，对该旅客进行严格的复查，未发现其他违禁物品，后该旅客被移交公安处理。

案例二：某日，L机场安检员对一个旅客托运的纸箱进行X射线检查时，发现里面有两只矿泉水瓶显示的图像特征异常，遂通知开箱包检查员对这件行李进行进一步检查。在向物主询问箱子内装的液体是什么东西时，该旅客含糊其词说没什么，后又改口说是指甲油，这引起了安检员的警觉。安检员把两只瓶子拿出来打开一闻，发现有浓浓的香蕉水味道，于是立即按照工作方案将该旅客以及两瓶液体移交机场公安值班民警审查处理。眼见把戏被识破，旅客这才承认自己是一名油漆工，携带香蕉水是为了干活方便，便心存侥幸地想着放在托运行李里不会被查出来。香蕉水的化学名称是乙酸异戊酯，属于高度易燃液体，其蒸气与空气形成爆炸性混合物遇明火或高热都会引起燃烧爆炸，这类物品是绝对不允许带入航空器的。

第四节 易燃固体

一、易燃固体的定义及分类

（一）定义

在常温下以固态形式存在，燃点较低，遇火源、受热、撞击、摩擦，或接触氧化剂以及其他外界作用下能引起燃烧的物质，称为易燃固体。易燃固体的燃点越低，其发生燃烧的可能性越大，危险性也越大，它们燃烧时还可能散发出有毒烟雾或有毒气体。易燃固体通常不包括已列入爆炸品的物质。

（二）分类

此类物品根据满足燃烧条件的不同途径，可分成三项。

（1）易燃固体：通常需要明火点燃的固体物品。

（2）易自燃物品：不需外来明火点燃，也不需要外部热源，而会自行发热燃烧的物品。

（3）遇水释放易燃气体的物品：遇水或受潮以后能发生反应并放出易燃气体的物品。

二、易燃固体的特性及常见代表

（一）易燃固体的特性

1. 易燃性

固体物质通常是通过熔化蒸发或是直接分解出气体，再与空气混合后发生燃烧反应的。这类物品的着火点较低，在常温条件下需明火点燃后，才能持续燃烧。在高温条件下遇火星即燃，环境温度越高，物品越容易着火。也有些易燃固体如萘、樟脑会从固态直接转化为气态，发生升华现象，升华后的易燃固体蒸气与空气混合后，具有燃烧或爆炸的危险。

2. 粉尘有爆炸性

这类物品的粉尘因与外界接触的表面积大，在空气中会形成爆炸性的混合物，遇一点火星即可能引起爆炸。

3. 与氧化剂混合能形成爆炸品

不少混合炸药（如黑火药）就是把易燃固体与氧化剂按一定的比例混合而成。这是因为易燃固体的还原性普遍较强，在反应过程中充当的是还原剂的角色。

（二）常见的易燃固体

1. 红磷

红磷为红棕色固体，见图3.14，密度为2.34 g/m³，熔点590℃，着火

图3.14 红磷

点240℃，不溶于水和有机溶剂。其主要危险性在于，摩擦极易燃烧，与卤素混合能发生燃烧，与大多数氧化剂如氯酸盐、硝酸盐、高氯酸盐或高锰酸盐等形成爆炸性混合物。红磷本身的毒性不大，但有一定的刺激性，误服或吸入粉末会中毒。特别是在火场高温下，易转化为熔融的黄磷和五氧化二磷，能灼伤皮肤和眼睛。

2. 硫磺

块状硫磺为淡黄色块状结晶体，如图3.15。其粉末为淡黄色粉末，有特殊臭味，相对密度为2.0。硫磺不溶于水，微溶于乙醇、醚，易溶于二硫化碳。

硫磺能跟氧、氢、卤素（除碘外）、金属等大多数元素化合，生成离子型化合物或共价型化合物。在储运过程中，容易产生静电荷，可能导致硫尘起火。硫磺的粉尘或蒸气与空气或氧化剂混合会形成爆炸性混合物。

图3.15 硫磺

3. 樟脑

众所周知，樟脑可用于日常生活中的衣物防蛀。天然樟脑为樟科植物的枝、干、叶及根部，经提炼制得的颗粒状结晶；而市场上出售的樟脑大多以化学原料生产，使用松节油、萘等化学物品作原料，合成樟脑，如图3.16。樟脑是易燃固体，容易挥发，挥发出的气体能与空气形成爆炸性混合物，遇明火、高热、电火花或与氧化剂接触，都有发生火灾和爆炸的危险。

4. 赛璐珞

硝化纤维塑料，又称赛璐珞，是塑料的一

图3.16 樟脑丸

种，相对密度为1.25，主要用作制乒乓球、眼镜架、玩具以及各类装潢材料的原料。它是一种有色或无色透明的片、板、棒状物，性软，富有弹性，不溶于水、苯、甲苯，溶于乙醇、丙酮和各种酯类。各类赛璐珞制品如图3.17所示。

其主要危险性在于，遇火种、高温极易燃烧，且燃速很快，与氧化剂接触也会发生剧烈反应，甚至引起燃烧。赛璐珞本身无毒，但在燃烧的过程中往往会伴随有毒气体的生成，应予注意。出于运输安全的考虑，国际乒乓球联合会于2014年7月起，出台规定将乒乓球的材料由赛璐珞变为安全环保、以高分子聚合物为原料的新塑料。

图3.17 常见的赛璐珞制品

5. 镁

镁是一种银白色有光泽的活泼金属，易燃易爆，燃烧时产生高温和耀眼的白光。镁粉在军工业和航天工业等科技领域中都有广泛应用。炼钢业及有色金属铸造中，镁粉用作脱硫剂、净化剂，在稀有金属生产中作还原剂使用。值得一提的是，体操运动员为增大手与器械之间的摩擦力而涂抹的白色粉末，通常也称为镁粉，但其主要成分是碳酸镁，两者并不相同。

三、易自燃物品的特性及常见代表

（一）自热自燃现象

自燃可分为两种：一种是物质虽不与明火接触，但需要受外界热源加热，使物质升到一定温度而自燃，即受热自燃。一般易燃物品，包括固态、液态和气态的，都具有受热自燃的特性。另一种是物质不需明火也不需外界加热，在一定条件下会自身发热达到一定的温度而自燃，即自热自燃。只有极少部分的易燃物品具有这种特性。

易自燃物品是指自燃点低，在空气中易发生氧化反应，放出热量而发生自热自燃的物品。在未发生自燃前，物质一般都经过缓慢的氧化过程，依靠反应所释放的热量，积热使温度达到自燃点时便会自发地燃烧，整个过程不需要外界火源的作用。

（二）易自燃物品的特性

1. 不需火源就会自行燃烧

这类物品暴露在空气中，与空气中的氧气接触，就会发生氧化反应放出热量。由于反应的速度较快，产生的热量超过散失掉的热量，该热量积聚起来，使物品升高到一定温度时，就会引起燃烧。隔绝这类物品与空气接触是安全贮运的关键。

2. 自燃点较低

可燃物品不需明火而自行起火燃烧时的最低温度，称为自燃点。很多物质与空气接触会发生氧化反应，但不会自燃。而易自燃物品会自燃，最主要的原因是它们的自燃点较低。白磷的自燃点仅 30℃ 左右，即使是在冰天雪地的环境温度下，只要暴露在空气中也很容易自身发热积聚温度到自燃点而燃烧。

3. 受潮会增加自燃的危险性

易自燃物品中的油纸、油布等含油脂的纤维制品，在干燥时，由于物品的间隙大，易于散热，只要注意通风，自行缓慢氧化产生的热量不会聚积，一般不会自燃。但是它们一旦受潮，产生的热量就会积聚不散，很容易发生自燃。

4. 接触氧化剂容易发生爆炸

易自燃物品的还原性很强，在常温下，即能与空气中的氧发生反应。如果接触到氧化剂往往会立即发生剧烈的氧化还原反应，发生爆炸。

（三）常见的易自燃物品

1. 白磷

白磷是无色或白色半透明固体，在光照下发生氧化反应生成新的物质，表层色泽变黄,因此也叫黄磷,密度为1.82 g/cm³。白磷几乎不溶于水,溶于氯仿、苯、二硫化碳,微溶于乙醇,故为了隔绝空气防止其自燃,通常贮存在水中,如图3.18。

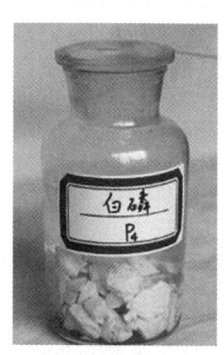

图3.18 白磷

白磷的主要危险性在于接触空气能自燃并引起燃烧和爆炸,在潮湿的空气中的自燃点(约30℃)低于干燥空气中的自燃点。白磷能直接与卤素、硫、金属等起作用,与硝酸生成磷酸。它与氯酸盐等氧化剂混合会发生爆炸,其碎片或碎屑接触干燥皮肤后,可引起严重的皮肤灼伤。白磷有剧毒,蒸气能刺激眼睛、鼻、喉黏膜及肺部,固体能严重灼伤眼睛与皮肤,伤口不易愈合,误服会造成严重中毒。

根据白磷的特性,应急措施和消防方法是消防人员必须穿全身耐酸碱消防服,佩戴空气呼吸器,用雾状水灭火,也可用沙土或泥土覆盖,待火熄灭和磷固化为止,并用湿沙覆盖,以免复燃。

2. 油浸的麻、棉、纸等及其制品

纸、布、油脂都是可燃物,但在通常情况下不作为易燃物。它们在空气中也会氧化,但过程慢、不聚热,也不会自燃。然而,当把纸、布等经浸油处理后,油脂与空气的接触面积增加了无数倍,氧化放出的热量就增大,纸、布又有很好的保温作用,使生成的热量难于逸散,时间一长,热量积聚,温度不断升高,达到自燃点就会自燃。

四、遇水释放易燃气体的物品的特性及常见代表

(一)遇水释放易燃气体的物品的特性

1. 遇水燃烧或爆炸

这类物品遇水或受潮时会发生剧烈的化学反应,放出大量的易燃气体和热量,当这些易燃气体达到一定浓度时,能引起受热自燃或在明火作用下发生燃烧,甚至有爆炸的危险。遇到酸类或氧化剂时,其发生的反应更为剧烈,危险性也更大。

2. 毒害性

某些物品遇水反应时，还会放出有毒的气体，人体接触后引起中毒。

(二) 常见的遇水易燃物品

1. 金属钠

钠为银白色金属，暴露在空气中即生成灰白色氧化膜，覆盖在金属的表面。钠的相对密度为0.968，比水的密度小，常温时质地软，可用小刀切割，在低温（-20℃以下）时性质脆硬，熔点97.8℃，沸点882.9℃。

金属钠的化学性质较为活泼，主要危险性体现在它是一种高度反应性的易燃易爆物品。它能与水反应生成氢氧化钠，并放出氢气和大量热量，容易引起燃烧和爆炸。它也易与氧反应，燃烧时产生特殊的黄色火焰，能与卤素、磷、多种氧化物、氧化剂和酸类剧烈反应。

金属钠能溶解蛋白质，对局部皮肤有刺激和腐蚀作用。钠不溶于苯类和煤油，为了隔绝空气，钠往往存放在煤油中，而此种煤油事先必须经过脱水处理，如图3.19。

图3.19 保存于煤油中的钠

2. 金属钾

钾是银白色有光泽的软质轻金属（比钠稍硬），相对密度为0.862，熔点63.7℃，沸点774℃。它的化学性质极度活泼（比钠还活泼），暴露在空气中，表面迅速覆盖一层氧化钾和碳酸钾，使它失去金属光泽，因此金属钾应保存在液体石蜡或氩气中以防止氧化。

钾的危险性表现于：在潮湿的空气中能够自燃，遇水或遇潮强烈反应放出氢气，大量放热，燃烧剧烈并爆炸使周围物料飞溅，危险性很大。金属钾同钠一样，遇水、二氧化碳和酸性物质都能剧烈反应，并对人体组织有强烈刺激性和腐蚀性。钾与水反应生成氢氧化钾，其腐蚀性比氢氧化钠更强。

3. 碳化钙

碳化钙也称电石，是无机化合物，白色晶体，相对密度为2.22，熔点约2300℃。碳化钙矿石根据纯度不同可表现为黄褐色、灰色或黑色的块状固体，如图3.20。

碳化钙干燥时不燃，遇水或湿气能迅速产生高度易燃的乙炔气体，在空气中达到一定的浓度时，可发生爆炸性灾害。

图3.20 碳化钙（电石）

同时，因电石中常含有杂质，与水作用的同时会放出一些有毒气体，因此由电石产生的乙炔有毒。产生乙炔气体时会生成氧化钙和氢氧化钙，这两种物质都呈强碱性，能刺激和腐蚀皮肤及黏膜。

五、易燃固体的识别和处置

（一）识别方法

此类违禁物品多从行李中被查获，每种物品都有其各自的特征，安检人员如在X射线机所显示的图像中发现可疑的、盛装有不明物品的试剂瓶时，必须进行开包检查，以判定其是否为本类违禁物品。首先应对携带者进行询问，同时注意旅客的表情，观察其在回答问题时是否自然。

如果是原封装的固体，可从该容器的标签或性能说明书来判定，如通过易燃固体的标志或相关描述，以及某些性能指标上来判定是否属于本类违禁物品。如果是非原封装的固体，可采用试烧的方法来判定。取少量的待测固体置于一张纸上，点燃纸的一角观察火焰的燃烧速度和高度是否有变化，这种方法比较直观，但同样要注意，需在空气流通或较大的空间内进行，以确保安全。图3.21分别为此类违禁物品的危险性标签。

图 3.21　易燃固体、易自燃物品、遇水释放易燃气体的物品的危险性标签

（二）处置方法

对查获的易燃固体一般予以扣留，对故意隐匿此类违禁物品的人员交机场公安部门审查。

对于火柴等含易燃固体的火种类物品，2008 年 4 月 7 日中国民用航空局发布《关于禁止旅客随身携带打火机、火柴乘坐民航飞机的公告》〔2008〕3 号规定，禁止将此类物品随身携带或托运。此部分内容将在本书第九章"火种"中进行详述。

六、典型案例

案例一：某日，P 机场国内科开机员发现一名男性旅客携带的包中有一玻璃瓶，便马上控制住该可疑行李。开箱员进行了细致的检查后，从包里查出一个用黑色不透光纸包装严密的玻璃瓶，瓶上有标签标明为有毒易燃固体化学品，当即将情况报告给带班分队长，分队长立即到场进行处置，对该旅客重新进行严格的安全检查，未发现其他异常情况。经查，该化学品学名为 4,4′-二氨基二苯甲烷，常温下为固体，具有易燃性、毒性、易挥发性和光解性等化学性质，属有毒易燃危险品。

案例二：某日，S 机场某安检通道 X 射线机操作员在进行安全检查时，发现一个双肩包内有类似饼干特征的图像，但颜色较日常饼干略深。本着"不排除疑点不放过"的工作原则，该安检员立即下达开包检查指令，在对该双肩包检查时发现了用锡箔纸包裹着的圆柱状固体，随后确认是易燃固体原子炭精（如图 3.22），后移交机场公安机关处理。原子炭精由石蜡加木屑做成，无烟无味，易于点燃，属于违禁物品。

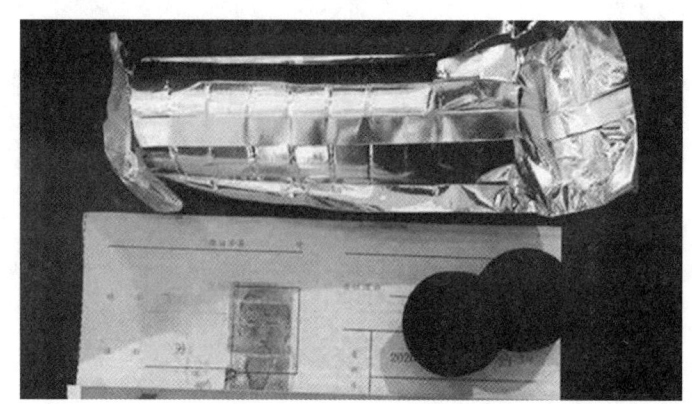

图 3.22 查获的原子炭精

案例三：春节前的一天，一位旅客在通过 S 机场安检通道时，安检员发现其随身携带的箱包物品成像异常，遂决定开包检查，竟从中找出包装完整的数捆钢丝棉冷烟花，见图 3.23。钢丝棉是一种抛光材料，主要成分是铁，直径仅为 0.1 毫米左右，它遇明火会产生火花四射的效果（其实是高温下融化了的铁），常被摄影机构用作夜晚拍摄烟花效果。该旅客称，这是自己看网络直播视频后购买，本想趁着这次回家过年为家里人表演一场烟花秀。钢丝棉冷烟花具有燃点较低的特点，因燃放时引燃周边物品、灼伤皮肤等事件时有发生，属于危险物品，严禁携带和托运。2021 年国家相关部门已发文要求此类物品在实体店与网络平台全部下架。

图 3.23 查获的钢丝棉冷烟花

思考与练习

1. 什么是燃烧？燃烧的三个判定要素是什么？
2. 燃烧有哪几种基本类型？
3. 物质燃烧需具备哪些条件？何谓燃烧三角形，有何意义？
4. 各种气体根据其化学性质可以分为哪几项，每一项分别有哪些常见代表？
5. 衡量易燃液体危险性有哪两个重要参数？
6. 易燃液体有哪些识别方法？
7. 常见的易燃固体、易自燃物品和遇水释放易燃气体的物品分别有哪些？
8. 针对易燃易爆危险物品，安检现场有哪些处置方法？

本章重要知识点讲解视频

燃烧的类型

燃烧的条件

易燃或易爆
危险物品典型代表

第四章 爆炸物品

第一节 爆炸原理

一、爆炸的定义及其特征

(一) 爆炸的定义

我们通常所提到的爆炸，是指物质在一定条件下发生急剧的变化，在极短的时间内放出大量气体和能量的现象。由于爆炸是在瞬间进行，并放出巨大的能量，能使周围环境温度急剧升高，产生大量气体，体积迅速膨胀，产生高压气浪，并形成冲击波，摧毁环境，引起可燃物燃烧。因此爆炸能够对外做功，具有很大的破坏作用。

人们正是利用爆炸时产生的机械功，在采矿和修筑铁路、水库时移山倒海，大大加快了工程进度，使得用手工和一般工具难以完成的任务得以实现。但是，爆炸一旦失去控制，就会酿成事故，造成人身和财产的巨大损失，使生产受到严重影响。

(二) 爆炸的特征

爆炸性物质在一定的外界作用下发生爆炸时，反应速度极快，并放出大量的热和气体生成物。这就是爆炸的三个基本特征。

1. 反应速度极快

爆炸的整个变化过程以高速度进行，并在瞬间完成，只有高速度才能使爆炸物的体积、能量、密度急剧增大。例如，煤炭虽然所含热量比同样重量的梯恩梯炸药（即TNT）高得多，但是由于其燃烧速度缓慢而不能形成爆炸;但梯恩梯在一瞬间即可完全反应,瞬时产生的热量来不及散失,使得温度和压力均骤增,因而破坏效应明显。

2. 释放出大量的热

热量是爆炸的能量来源,若没有大量的热放出,爆炸反应不可能完成,更不能形成高温、高压、高能量的气体而膨胀做功。例如,1千克梯恩梯爆炸时能产生约4200千焦的热量,1千克硝化甘油爆炸时可放出约6200千焦的热量。

3. 产生大量的气体

炸药爆炸后往往产生大量的气体,对外膨胀做功。例如1千克梯恩梯爆炸后能生成约730升气体,1千克硝铵炸药爆炸后能生成约900升气体,体积与爆炸前相比均扩大了一千多倍。

综上所述,由于具备这三个特征,炸药爆炸往往产生高温、高压,并释放出极大的能量。

二、爆炸的分类

根据爆炸时发生变化的性质不同,爆炸可以分为三类。

(1)物理爆炸。物质因状态或压力发生物理性的突变而形成爆炸,爆炸前后物质的化学成分不变,这种爆炸现象称为物理爆炸,如锅炉爆炸、轮胎爆炸、压缩气瓶爆炸等。

(2)化学爆炸。物质因得到起爆的能量而迅速分解,释放出大量的气体和热量,物质的化学组成发生变化,这种爆炸现象称为化学爆炸,如可燃性气体、粉尘,以及炸药等爆炸性物品的爆炸都属于化学爆炸。如无特别说明,本章所涉及的爆炸均为化学爆炸。

(3)核爆炸。物质因原子核反应(如裂变、聚变)所引起的爆炸,如原子弹、氢弹等核装置的爆炸等。

此外,爆炸还可以根据反应时的物相情况分为气相爆炸、液相爆炸、固相爆炸,根据瞬时燃烧速度的不同分为燃烧、一般爆炸、爆轰等。

三、爆炸的破坏作用

爆炸往往会造成很大的破坏,影响正常的生产生活秩序,具体表现在以下方面。

（1）冲击波。爆炸形成的高温、高压、高能量的气体产物，以极高的速度向周围膨胀，强烈压缩周围静止的空气，使其压力、密度和温度突跃升高，产生波状气压向四周扩散冲击。这种冲击波能造成附近建筑物的破坏，其破坏程度与冲击波的能量大小有关，与建筑物的坚固程度，以及与产生冲击波的中心距离也有关。

（2）碎片冲击。爆炸的机械破坏效应会使容器、设备、装置等材料的碎片在相当大的范围内飞散而造成伤害。碎片的四处飞散距离最远可达数百米。

（3）震荡作用。爆炸发生时，特别是较猛烈的爆炸往往会引起短暂的地震波，在爆炸波及的范围内，这种地震波会造成建筑物的震荡、开裂、松散、倒塌等危害。

（4）造成二次事故。发生爆炸时，若周围存放有可燃物质，往往会造成火灾。粉尘作业场所轻微的爆炸冲击波会使积存于地面上的粉尘扬起，造成更大范围的二次爆炸。

四、化学爆炸与燃烧的关系

分析和比较可燃性物质燃烧与化学爆炸可以看出，两者都需具备可燃物、助燃物和火源这三个基本条件。因此，燃烧和化学爆炸就其本质来说是相同的，都属于可燃物质的氧化还原反应，它们的主要区别在于反应的速度不同。例如，1千克整块煤完全燃烧时大约需要10分钟，而1千克煤气与空气混合发生爆炸只需0.2秒，但两者的燃烧热值相同，即完全反应所能够释放出的能量相同。因此，燃烧和化学爆炸的区别主要在于氧化还原反应的速度，反应速度越快，能量释放越快，即功率越大，产生的破坏力也越大。又比如，煤块只能缓慢燃烧，如果将它磨成煤粉，再与空气混合后就可能爆炸。这也说明了燃烧和化学爆炸实质相同，而且两者可随条件而互相转化。

第二节 炸药的相关知识

本节主要介绍爆炸物中最核心的组成部分——炸药。

一、炸药的定义及分类

(一)炸药的定义

炸药是指在外界作用下(如受热、撞击等),能发生剧烈的化学反应,瞬时产生大量的气体和热量,使周围压力急剧上升,对周围物质起破坏、抛掷、压缩等作用的物品。其中也包括无整体爆炸危险,但具有燃烧、抛射及较小爆炸危险,或仅产生热、光、音响或烟雾等一种或几种作用的烟火制品。这个定义非常明确地指出了炸药的爆炸属于化学爆炸。

这类物品的化学性质非常活泼,对机械力、电、热、磁场很敏感,受到摩擦、撞击、震动,或遇到明火、高热、静电感应,或与氧化剂接触都有发生燃烧、爆炸的危险。

(二)炸药的分类

炸药的品种很多,按照其组成成分、用途和物理状态,可采用三种分类方法。

1. 按组成成分

根据炸药的组成不同,可将其分为单质炸药和混合炸药两大类。单质炸药是指单一化学成分组成的炸药。属于这类炸药的有:梯恩梯、硝化甘油、太安、黑索金、特屈儿、奥克托今、雷汞、叠氮化铅、斯蒂酚酸铅等。混合炸药是指两种或两种以上化学成分组成的炸药,如硝铵炸药、C-4塑性炸药和黑火药等。

2. 按用途

根据各种炸药的不同用途,可将其分为起爆药、猛炸药(破坏药)、发射药(火药)和烟火剂四类。下文将详细介绍这四类炸药。

3. 按物理状态

根据炸药所呈现的不同物理状态,可分为固体炸药、塑性炸药、液体炸药等。固体炸药通常表现为块状或粉末状;塑性炸药外观像生面团,具有很强的黏稠度与柔韧性,可捏合成各种形状;液体炸药则呈现液态,可流动。

二、炸药的特性

(一) 炸药需满足的基本要求

在日常生活中并不是所有的爆炸性物品都适合用来做炸药,常用的炸药大致应具备下列特点。

(1) 应具有足够的威力和能量。炸药只有具备足够的威力和能量,才能保证起到一定的破坏效应和抛射作用。

(2) 应具有适当的感度。炸药的感度适当,才能既保证制造、运输、储存和使用的安全,又保证易于引爆。

(3) 应具有良好的安定性。炸药应具有良好的安定性,才能适应于长期储存,尤其是军用炸药对有效期有较高的要求。

(4) 应具备丰富的原料和较低廉的价格。要做到这一点必须做到原料易得,生产工艺简单,制造过程安全。

(5) 需满足对炸药某些具体使用时的特殊要求。

(二) 炸药的起爆能

能够引起炸药发生爆炸变化的能量称为起爆能,其大致有以下几种形式:

(1) 热能,如火焰、火花、加热等;

(2) 电能,如电热、电火花等;

(3) 机械能,如冲击、摩擦、刺扎、枪弹贯穿等;

(4) 化学能,如化学反应放出的热;

(5) 其他形式的起爆能。

(三) 炸药的感度

炸药在冲击、摩擦、火焰等外能作用下,发生爆炸变化的难易程度称为炸药的感度。感度有多种形式,例如热敏感度和撞击感度,前者研究的是外界的热能作用,后者研究的是外界的机械冲击作用。容易爆炸的称为感度大或敏感,不容易爆炸的称为感度小或钝感。感度的大小用引起炸药爆炸时所需的最小起爆能量来表示。炸药的感度越大,所需的起爆能越小;反之,炸药的感度越小,所需的起爆能越大。

第四章 爆炸物品

影响炸药感度的因素有以下几点：

（1）与炸药本身的性质有关，不同的炸药化学性质各异，感度必然不同；

（2）与外界作用的形式有关，同种炸药在外界不同形式的作用下（如热、电、机械冲击等），表现出的感度大小并不一样；

（3）与装药条件有关，装药条件不同，包括装药密度及杂质等因素，也会影响到炸药的感度。

（四）炸药的爆速

炸药的爆速是指爆轰波向外传播出去的速度。当药量相当时，爆速的大小能在一定程度上反映出炸药的爆炸功率及破坏能力。爆速主要与炸药的性质有关，但某种炸药的爆速也不是一个绝对的物理常数，同时还受许多因素的影响，诸如起爆能的大小、炸药的密度、炸药外壳的坚固程度和炸药的温度等。

例如，梯恩梯等单质炸药的爆速随着装药密度的增加而增加。梯恩梯炸药的相对密度为1.0时，爆速约为5000米/秒；相对密度为1.6时，爆速达到7000米/秒。硝铵炸药这种混合炸药在通常条件下，起初爆速随密度增加而增加，当达到某一极限时，如果密度继续增加，爆速反而下降。绝大多数已知炸药的爆速都大于3000米/秒，故此数值可作为炸药的判定参数之一。

（五）炸药的威力和猛度

炸药的威力是指炸药爆炸时做功的能力，即对周围介质的破坏能力，体现了炸药的总体破坏能力。威力通常取决于热量和气体的多少，炸药爆炸时所产生的热量和气体越多，爆温越高，炸药的威力越大，破坏的范围和体积也就越大。如爆破岩石，炸药的威力就表现为所炸下石方量的多少。

炸药的猛度是指炸药在爆炸后的爆轰产物对周围物体破坏的猛烈程度，用来衡量炸药的局部破坏能力。猛度主要与炸药的爆速有关，爆速越快，猛度也越大，粉碎程度也越大。如爆破岩石，炸药的猛度通常表现为粉碎岩石的能力。

（六）炸药爆炸的常见形式

1. 燃烧

燃烧是一种放光放热的剧烈氧化还原反应，前文已提到，燃烧与化学

· 69 ·

爆炸在本质上是相同的，爆炸有时以燃烧的形式呈现。例如，枪弹内发射药的作用形式即为燃烧。

2. 爆轰

爆轰是一种更剧烈的依靠冲击波传播的变化过程，是爆炸以其最大速度分解的一种变化形式。

3. 殉爆

当一个装药爆炸时引起另一个装药爆炸的现象称为殉爆。能引起殉爆的两个装药间的最大距离称为殉爆距离。为了避免发生殉爆，保障安全，储存时各装药间应保持一定的距离。

三、常见的炸药

前文提到，炸药按不同的用途可以分为起爆药、猛炸药、发射药和烟火剂四种。接下来就详细介绍这四类炸药的特性。

（一）起爆药

1. 用途与特性

起爆药又称初级炸药，通常用来作为工业雷管的装药，目的是为了加强起爆能力。对起爆药的基本要求是有足够的敏感度，以保证在使用时能准时起爆，并易于由燃烧转变为爆炸，用少量的起爆药即可引爆猛炸药。起爆药一般化学性质活泼，对简单的外界作用（如加热、摩擦、撞击等）较敏感，爆炸的变化速度较快。

2. 典型代表

常用的起爆药有雷酸汞、叠氮化铅、斯蒂酚酸铅等。其中，雷酸汞也称雷汞，分子式为 $Hg(ONC)_2$，为白色或灰色的结晶体（灰色的含杂质，但爆炸性能相似），难溶于水，是起爆药中感度最大的一种，遇轻微的冲击、摩擦、火花、火焰影响都能引起爆炸。雷酸汞有剧毒，其毒性与金属汞相似。

（二）猛炸药

1. 用途与特性

猛炸药又称破坏药或次级炸药，在一般情况下比较稳定，能经受生产、储存、运输、加工和使用过程中的一般外力作用。猛炸药一旦被引爆后就发生高速反应,生成大量气体并放出大量热量,其一般按不同的爆炸效应填装于各种弹药中,以达到爆炸后杀伤和破坏的目的。

猛炸药威力大,感度适当,爆轰是主要的体现形式。猛炸药在爆轰时威力得到充分发挥,但用简单的激发冲击不能引起爆轰,通常需利用雷管等起爆装置来激发其爆炸反应。因此,猛炸药的使用和处理相对较安全。

2. 典型代表

常见的猛炸药中,属于单质炸药的有梯恩梯(TNT)、黑索金(RDX)、特屈儿(CE)、太安(PETN)、奥克托今(HMX)等,属于混合炸药的有硝铵炸药、C-4塑性炸药等。

(1)梯恩梯(2,4,6-三硝基甲苯,代号 TNT),由甲苯用硝硫混酸分段硝化而制得。分子式为 $CH_3C_6H_2(NO_2)_3$,分子量227。它是淡黄色或黄褐色结晶体,受阳光照射后,颜色变暗,撞击感度也提高。常见的梯恩梯有块状、鳞片状和柱状三种,图 4.1 为不同形态的 TNT 炸药。梯恩梯常温下对酸稳定,对碱敏感。可以长期储存,一般条件下遇火燃烧产生黑烟,带苦杏仁味,但不爆炸,对冲击、摩擦感度迟钝,枪弹贯穿一般不燃烧也不爆炸,有毒。梯恩梯可以与其他炸药成分混合以压装、注装等多种方法进行炮弹装药,所以适于装填各种不同类型的弹丸。

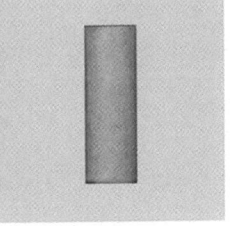

图 4.1 不同形态的 TNT 炸药

(2)黑索金(环三次甲基三硝胺,代号 RDX),纯净时为白色粉状结晶,不溶于水,微溶于乙醚和乙醇。黑索金化学性质比较不稳定,遇明火、高温、震动、撞击、摩擦能引起燃烧爆炸,是一种爆炸力极强的烈性炸药,人们还形象地称之为"旋风炸药"。由于其威力较大且感度不低,常用的黑索金是经过石蜡钝化处理的,外观呈橘红色,图 4.2 对比显示的是钝化前后不同颜色的黑索金。钝化黑索金广泛用于装填各种军用弹药和导爆索等。

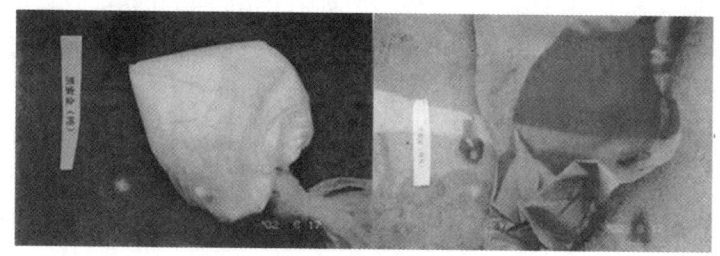

图4.2 钝化前后的黑索金

（3）硝铵炸药，是以硝酸铵为主要成分的混合炸药，外观常为浅黄色或灰白色，吸湿性很大，易溶于水，易结块，常用沥青和石蜡为防潮剂。硝酸铵广泛应用于各个领域，也是化肥的常用原料，但它的性质极其不稳定，具有很强的氧化性。硝铵炸药有毒，腐蚀性很强，是一种应用非常普遍的民用炸药。

（4）塑性炸药，国际上通常以"C族炸药"作代称，其种类很多，是以黑索金为主要成分，与非爆炸性的黏合剂、增塑剂而成。塑性炸药为白色或略带黄色，吸湿性小，具有良好的可塑性，炸速极快，威力比TNT略大。塑性炸药的摩擦感度比TNT灵敏，可以捏成不同形状使用，便于伪装。

综上，各种炸药的性能不同，用途也相应不同。表4-1所示为常见的起爆药与猛炸药的一些基本参数。

表4-1 常见炸药参数表

名称	相对密度	爆热 (kJ/kg)	爆燃点 (℃)	撞击感度 (kgf·m)	爆速 (m/s)
雷汞	4.3~4.4	1486	165	0.1~0.2	5400
叠氮化铅	4.8	1536	320~360	0.25~0.4	4500
斯蒂酚酸铅	3.0	1549	275~280	0.25~0.5	4900~5200
梯恩梯	1.645	5066	300	1.5	6900
特屈儿	1.73	4427	185	0.3	7570
黑索金	0.8~0.9	6025	230	0.75	8750
太安	1.76	5895	202	0.3	8000
奥克托今	1.96	5673	327	0.75	9110

(三) 发射药

1. 用途与特性

发射药也可称为火药，是极易燃烧的固体物质，对火焰的感度高，是以燃烧反应为主要形式的爆炸性物质。在军事上主要利用其有规律燃烧的性质，用作火炮发射弹丸的能源。在采用适当的方式点火后，能够按照平行层规律燃烧，放出大量热和气体，对弹丸做推进功。

2. 典型代表

常见的发射药有黑火药、无烟火药等。

黑火药历史悠久，是我国古代四大发明之一。它是由硝石（即硝酸钾）、硫磺和木炭按一定比例组成的混合物，是一种弱性炸药，它们的配比按种类不同而异。它在燃烧时产生大量的烟，故亦称有烟火药。黑火药具有较强的吸湿能力，含水量超过5%就完全失去引燃能力，主要用于制造导火索、各种枪炮发射药引信、延期药、火工品等，图4.3为各种黑火药。

图4.3 黑火药

(四) 烟火剂

烟火剂按其不同用途大致可分为两类，一类用于技术目的，一类用于娱乐目的。用于技术目的的烟火剂往往用于工业上产生热、气体，或为了达到特定的剧场效果。用于娱乐目的的烟火剂主要指焰火制品类。从广义上说，亦可将各种烟花爆竹、烟饼、礼花弹等物品归入炸药的范畴。

烟花爆竹是指以烟火药为主要原料制成，引燃后通过燃烧或爆炸，产生光、声、色、型、烟雾等效果，用于观赏，具有易燃易爆危险的物品。礼花的强光来自那些化学性活泼的金属如铝、镁、钛、锆等粉末，称为发光剂，它们在空中与氧化合，剧烈燃烧，温度可高达3000℃，因而放出耀眼强光。至于那五彩缤纷的效果，其实就靠一些普普通通的金属盐类，利用特殊的焰色反应，起到发色剂的作用。烟花爆竹固然能给我们的节日增添不少喜庆气氛，但我们一定要注意安全。由于其化学性质活泼的特点，一旦管理和使用不善而发生爆炸，后果是十分严重的。

第三节　火工品

一、火工品的定义和分类

火工品也称火具，它是一种用以激起炸药发生爆炸变化的一次性使用的专用元件装置。火工品在受外界较小能量的激发后，即可按预定时间、地点和形式发生燃烧或爆炸，从而产生各种预期效应。

火工品可以分为点火器材和起爆器材两大类。其中点火器材常见的有火帽、拉火管、导火索等，起爆器材常见的有火雷管、电雷管、导爆索、导爆管等。

二、点火器材

（一）定义

所谓点火器材，是指在外界激发冲击作用下，释放出火焰冲能的火工品。以下介绍几种常见的点火器材。

（二）典型代表

1. 火帽

火帽是一个带有金属或塑料帽的点火元件，如图4.4，内部装填少量易于撞击点燃的起爆剂，使用时通过撞击产生火焰以点燃发射药或雷管。其主要危险特性在于对一定量的火焰、震动、撞击很敏感，易爆炸。

图4.4　火帽

2. 拉火管

拉火管的主要作用是点燃导火索，内装有对摩擦敏感的起爆药，再加上拉柄、拉火丝、倒刺等结构组成，常见的有纸壳和塑壳两种，见图4.5。一般其喷火距离不小于4厘米，受潮后易失效。

3. 导火索

导火索是一种外形如索、延时传火的物品，表层外观为白色包线和土黄色的外层纸，如图4.6，外径一般为5.2~5.8毫米，燃速大约为1厘米/秒。导火索通常是以黑火药为药芯，以棉线、纸条、沥青防潮剂等材料组成，主要适用于在无爆炸性气体或粉尘环境下延时引爆火雷管或炸药包，广泛应用于矿山开发、兴修水利、交通建设、农田改造等爆破工程。导火索通常用火柴或拉火管点燃，用于手榴弹或炸药包等爆炸物内作为延期的部件。

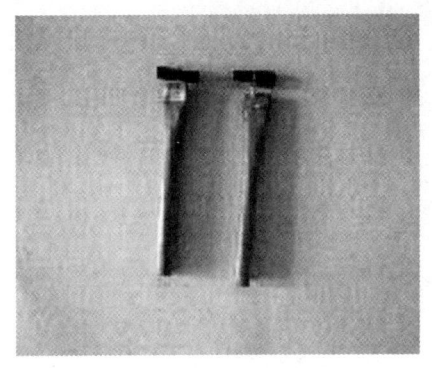

图 4.5 拉火管

图 4.6 导火索

三、起爆器材

（一）定义

所谓起爆器材，是指在外界激发冲击作用下，释放出爆轰冲能的火工品。以下介绍几种常见的起爆器材。

(二)典型代表

1. 雷管（火雷管）

火雷管是一种能接受火焰产生爆轰冲能并传给炸药的器件，引爆各种爆炸装置，在生产及军事上有着极其广泛的应用。雷管主要由管壳、装药和加强帽组成，通常按材料划分有金属壳（铜壳、铁壳、铝壳）、塑壳、纸壳几种，内装起爆药，呈圆柱形，长约44~50毫米，直径约6.0~6.6毫米，如图4.7。它可以瞬间爆炸，也可以附带一个定时装置。常用的火雷管有6号和8号两种（装药量不同）。火雷管的储存期一般为5年，受潮后易失效。

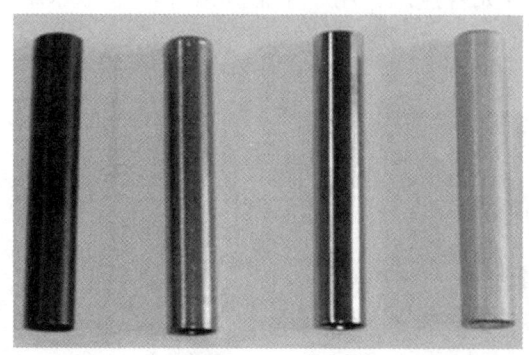

图4.7 火雷管

2. 电雷管

电雷管是用于电点火时起爆炸药的器件，常用的是8号电雷管，其主要用于引爆各种炸药，达到军用或民用的一些目的。爆破用电雷管是由小型金属、纸质或塑料管，内装少量的起爆药和起爆电极制成，如图4.8。当电路接通可引发电雷管的爆炸，一节电池即能引爆一个电雷管。按其用途不同，可分为普通电雷管和专用电雷管。

目前主要生产的专用电雷管品种和性能大致有：抗静电电雷管具有一定的抗静电性能；抗杂电电雷管用于有离散电流的场所，当杂散电流达3安也不致爆炸；勘探电雷管用于地质勘探以及对抗静电提出一定要求的场合；在拍摄电影中使用电影电雷管，模拟子弹的着弹点情况，可以产生逼真的效果。

图 4.8　电雷管

3．导爆索

导爆索是用来远距离控制爆炸的引线，可同时起爆多个装药，一般用于无沼气、煤尘矿尘爆炸危险的场所，在大规模爆破工程中起到传爆和引爆炸药的作用，也用于金属切割、爆炸成型、爆炸压接等。

导爆索通常由精纺纤维束或塑料金属管内装填猛炸药制成，传递的是爆轰波。常见的导爆索是用黑索金做药芯，用棉线、纸条包缠，外涂防潮涂料，外表通常为红色，如图 4.9。导爆索按包缠物的不同可分为棉线导爆索、塑料导爆索、铅皮导爆索等，其爆速可达到 7000 米/秒，用火雷管或电雷管都能起爆，且防水性能良好，长时间浸入水中仍能保持原有的爆炸性能。

4．导爆管

导爆管是一种内壁涂有薄层炸药粉末的空心塑料软管，用于增强雷管或引信的引爆力，对震动、机械摩擦、火焰等较敏感，易燃烧爆炸，见图 4.10。

图 4.9　导爆索

图 4.10　导爆管

第四节 弹药

一、弹药的定义和分类

（一）弹药的定义

弹药是含有火药、炸药或其他装填物，爆炸后能对目标起毁伤作用或完成其他战术任务的军械物品。从广义上讲，它包括各种炸弹、手榴弹、照明弹、燃烧弹、烟幕弹、信号弹、催泪弹、毒气弹和子弹等。这类物品若被带上飞机，必然给飞行安全带来极大的隐患。

（二）弹药的分类

弹药按用途主要可分为主用弹药、特种弹药、辅助弹药。主用弹药用来毁伤各类目标，包括杀伤弹、爆破弹、穿甲弹、破甲弹、燃烧弹等；特种弹药用于完成某些特定作战任务，如照明弹、发烟弹、信号弹、宣传弹、干扰弹等；辅助弹药包括训练弹、教练弹、试验弹，是部队完成演习、训练、试验或射击比赛等非战斗使用的弹药。

从枪管内发射的弹药称为枪弹（即子弹），本节着重对于枪弹进行介绍。枪弹可以用于远距离猎杀动物，战争时更是击杀敌人或破坏物资的重要工具。根据所配套使用的枪支种类不同，枪弹可分为手枪弹、冲锋枪弹、步枪弹、机枪弹和大口径枪弹（口径在12毫米以上）等。其中有些类型的子弹可手枪与冲锋枪兼用，有些可步枪与机枪兼用。

二、枪弹的构造及作用

枪弹通常由弹头、弹壳、发射药和底火组成，如图4.11。扣动扳机时，枪的撞针撞击子弹尾部的底火，底火立即燃烧并点燃弹壳内的发射药，瞬

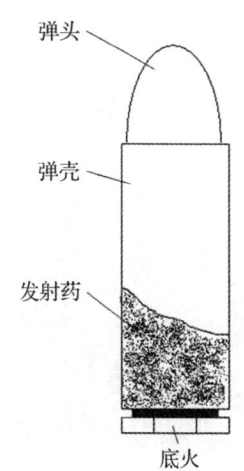

图4.11 枪弹的构造

间产生的气体使弹壳内的压强急剧增大，促使弹头向前飞出。

由此可见，根据子弹发射各环节的时间顺序，几部分构造的作用如下：底火用以点燃发射药；发射药在燃烧后瞬间产生大量气体，推送弹头前进；弹壳用以容纳发射药，安装弹头和底火，射击时密闭弹膛；弹头用以杀伤目标。

三、常见的枪弹

在我国军队、公安部门传统的配备中，常见的手枪弹有三种，分别是"五一""五九""六四"式手枪弹。前文所介绍的"警用三大件"中，"五四"式手枪使用的是"五一"式手枪弹，"六四"式和"七七"式手枪使用"六四"式手枪弹。这三种子弹的相关技术参数如表4-2所示，它们都具有粒小、飞行速度快、穿透力强的特点。

表4-2 常用枪弹的技术参数

枪弹种类	子弹全重（克）	弹头重（克）	弹壳直径（毫米）
"五一"式枪弹	10	5.5	7.62
"五九"式枪弹	10	6.1	9
"六四"式枪弹	7.5	4.8	7.62

此外，还有一些国外的常见枪弹，如图4.12所示，分别为勃朗宁7.65毫米手枪弹、毛瑟7.92毫米步枪弹、苏联12.7毫米机枪弹。

图4.12 手枪弹、步枪弹和机枪弹

四、枪弹的识别与处置

（一）识别方法

由于枪弹的种类繁多，外形特征千差万别，这给安检人员的识别带来了极大的困难。目前，安检现场对枪弹的识别，主要是通过仪器识别和手工识别两种方法来进行。

相对于其他类别的违禁物品，行李中的子弹由于体积较小，检查时有一定的难度。其X射线图像特征为：弹头部位由于密度大，呈现暗红色甚至黑色；而弹壳部位内部是空心的，主要呈现蓝绿色。要注意子弹相对于X射线的角度位置不同，有时会呈现比较清晰的外形轮廓，而有时会产生很大程度的变形。这就要求安检人员一定要认真细致，如发现任何疑点应及时开箱包检查进一步确认。一般来说，藏匿在身上的子弹是很容易被安全门发现并报警的，这时可以结合手探进行重点搜身检查。此外，安检人员对旅客放入托盘内的小型金属物品也同样不能忽略。由于子弹必须与枪支配合使用才能体现出威力，若在旅客行李或身上查获子弹，还必须认真追查是否有枪等发射器。

（二）处置方法

在安检现场，对子弹的处置方法与枪支类似。如旅客无相关证明，又无法说出其来源或用途，应予以扣留交由机场公安部门处理。

此外，在现场还多次发现，有些旅客携带由子弹或弹壳制成的工艺品，这些物品按照规定同样不允许携带乘机。

五、典型案例

案例一：某日，H机场旅检6号通道，一位旅客在通过安全门时脚部区域报警，同时穿着高帮靴，安检员按照规定对其脚部进行重点检查和脱鞋检查，旅客神情慌张。安检员于是提高警觉，随后从鞋内掏出4发弹壳，脱鞋后又查出该旅客鞋内及袜子藏有16发弹壳及弹头，共计20发，见图4.13。最终安检部门将人和物移交机场公安机关依法处理。

第四章 爆炸物品

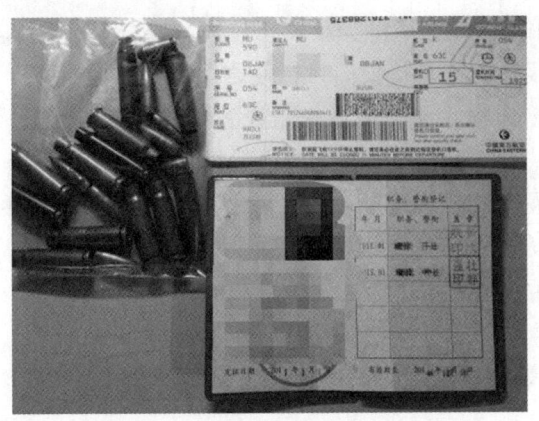

图 4.13 查获的藏匿于脚部的子弹

案例二：某日下午，P 机场国内科开机员发现一旅客的旅行包内有形似子弹的金属物品，便立即通知开箱员进行开箱检查，并在其包内查出一包发令枪子弹，共计 120 发，便迅速将情况报告给带班分队长。分队长按紧急预案处置，对该旅客重新进行了细致的安全检查，未发现其他异常情况。经审查，该 120 发发令枪子弹是体育比赛发令用的，并附有介绍信。最终经请示上级后，根据相关规定，要求旅客放弃发令枪子弹，予以放行。

第五节 爆炸物

一、爆炸物的种类

本章第二、三节已经介绍了炸药和火工品，这两者恰是爆炸物重要的组成部分，接下来我们将对爆炸物进行全面了解。爆炸物的种类很多，性能各异，形状、尺寸和重量等都没有统一的规格。按使用方式的不同，爆炸物可分为延期爆炸物、触发爆炸物、投掷爆炸物、操纵爆炸物和多种发火装置爆炸物五种。

（1）延期爆炸物：在设置之后，可按预定时间自行爆炸。其中，延期时间准确者，称为定时爆炸物或定时炸弹。

（2）触发爆炸物：在设置之后，受到外力作用才会引起爆炸。按照爆炸物受外力作用的方式，可分为压发、拉发、松发和反拆卸等，如地雷。

（3）投掷爆炸物：直接投向目标使之爆炸，如手榴弹、手雷等。

（4）操纵爆炸物：预先在目标处设置好，见机操纵起爆。按操纵方式可分为绳索操纵、有线电操纵和无线电操纵等。

（5）多种发火装置爆炸物：在一个爆炸物上安装有多种引信或其他装置，可认为是以上的结合体。如延期爆炸物上安装有反排除装置，触发爆炸物上安装有遥控爆炸装置等。

二、爆炸物的基本组成

爆炸物通常由外壳、主装药、引信这三个基本部分组成。

（一）外壳

外壳的主要作用是盛装炸药和引信。金属、陶瓷等材料的外壳，在爆炸时还可以产生碎片，增大杀伤力。犯罪分子为了隐藏其作案行迹，还利用日常生活用品的包装物作外壳，以达到伪装的目的。

（二）主装药（即炸药）

炸药是爆炸物产生破坏、杀伤的能源，也是爆炸物中最核心的部分。炸药盛装工艺多种多样，有溶注的、压装的和散装的，塑性及黏性炸药还能被捏合成各种形状。

（三）引信

引信是爆炸物的发火装置，或是在预定条件下引燃主装药的控制装置。

引信按照发火原理，可分为机械发火引信、电发火引信和化学发火引信几种。

（1）机械发火引信，通常由引信体、击发装置、控制装置和起爆管等组成，靠机械力作用发火引爆。

（2）电发火引信，由开闭的两个电极片（电开关）、电池和电雷管等组成，电路一旦接通则引起电雷管爆炸。

（3）化学发火引信，其发火原理与化学反应相关。

引信按受外力作用，可分为压发引信、拉发引信和松发引信等，分别受到压力、拉力、松力（即原有的力被撤去）而发火。

三、制式爆炸物与非制式爆炸物

同前文提到的枪支类似，爆炸物根据其制作工艺及构造也可分为制式与非制式两种。

（一）制式爆炸物

通常情况下，经国家军事相关部门批准，统一生产制造的各类爆炸物均属于制式爆炸物，其一般包括转换能量单元、控制时间单元、放大能量单元等部分。

（二）非制式爆炸物

非制式爆炸物也可称为自制爆炸物，是指利用简便器材或制式器材，自行制造的具有一定威力的爆炸装置。非制式爆炸物一般容易制造、就地取材、形式多样。此类爆炸物往往设有压、拉、松、定时、反拆卸、反搬运等诡计装置，伪装巧妙，民航安检人员尤其应当重点防范。

四、爆炸物的识别方法

对于爆炸物的识别，方式多种多样，但总体上依然可分为人工识别法和技术识别法两大类，在实际具体的操作过程中，通常是二者相结合进行的。无论在什么情况下，无论犯罪分子如何巧妙伪装，只要安检人员认真检查、正确判断，犯罪分子在行李中隐藏的爆炸物是不难识别的。

（一）人工识别法

人工识别法是利用人的感官，通过看、摸、闻、烧等，经过思维判断，检查可疑部位有无暗藏爆炸物，或直接对可疑物品进行外观、气味和燃烧性能识别的一种方法。

1. 外观识别法

外观识别法是通过人的眼、耳、鼻、手的功能进行检查的方法。炸药在形态、颜色等方面都有一定特征，识别时可先将可疑物品与同类物品作比较，检查有无不同之处，再与炸药的特征作比较，从而得出初步结论。具体方法有：

（1）看：观察物品的形状、大小、结构、颜色与同类物品是否相同，包装颜色是否正常，各部位是否有异常的痕迹。

（2）听：通过听觉来判断是否有可疑的异常声响，如有钟表定时装置的爆炸物会发出"滴答"声。还可通过敲击听声判断物品内部是空心还是实心。

（3）摸、捏、掂：用手的触摸感觉或以适当力量按压来判断爆炸物，是否有夹层，夹层里是否藏有各种爆炸物。装有爆炸物的物品其重量一般比同类物品大，可以掂量被检物品是否比标准偏重，从而判断是否有进一步检查的必要。

（4）拆：对被怀疑的物品要拆开外包装或外壳，看里面有无危险物品。

（5）试：对有些电器仪表或摄影器材等小型电器类物品，如有怀疑可接通电源操作，看其是否能正常工作。

此外，图 4.14 为爆炸物的危险性标签，若在物品包装上发现类似的标签则应高度警惕。

图 4.14　爆炸物的危险性标签

2. 气味识别法

气味识别法就是嗅物品或食品是否有异常气味。炸药往往具有良好的挥发性，一般具有硫黄味、苦杏仁味或特殊甜味，与食物的气味有明显区别，据此可以判断是不是爆炸物。

3. 燃烧识别法

炸药有一个共同特点，就是都可以燃烧，而且都可以直接点燃。点燃时可根据待测物燃烧的难易程度、燃烧状况、炽热程度和残留物等特征进行判断。方法是从可疑物中取少许样品（0.5克为宜），放置于纸的中央，或将样品置于燃烧匙中，点燃并观察有无爆炸现象。当火焰烧到试样后，若发生轻微爆炸，或火焰的高度和颜色发生变化，并有浓烟放出，可初步怀疑为炸药。表4-3为常见炸药的燃烧状况。

表4-3 常见炸药的燃烧状况

名称	燃烧状况
雷酸汞	只燃烧，不爆炸
硝铵炸药	少量燃烧平静而不爆炸
黑索金	燃烧猛烈，产生明亮的白色火焰，无残渣
太安	少量平静燃烧，火焰明亮而无黑烟
特屈儿	少量燃烧剧烈，黑烟较少
硝化棉	易燃烧，火焰为橙黄色，几乎不变成气体，无残渣
梯恩梯	少量燃烧平稳，产生大量黑烟
硝化甘油	少量燃烧平静，产生绿色的火焰，并有轻微响声

（二）技术识别法

所谓技术识别法就是使用各种专用仪器或化学手段，对可疑物品实施鉴定的方法。此类检查器材通常由探测部分、信号处理部分和报警装置三部分组成，广泛运用了光学、电子学、雷达、声学、射线和传感技术等。

在对爆炸物的识别中，常规的安检仪器仍然发挥着重要的作用。安检人员可以根据X射线图像上物体的形状、明暗度、相互位置关系来识别行李中是否藏有爆炸物。而爆炸物通常带有金属外壳或金属引信，因此藏匿于身上的爆炸物可利用安全门与手探进行识别。

此外，针对爆炸物检测也有一些专用的特种仪器，最典型的就是痕量爆炸物探测仪。它能够进行痕量检查，根据不同物质的电离特性不同，判断所检物质的成分，以达到检测炸药的目的，行李中极微量的爆炸物依然能够被检测到。针对一些含有老式定时装置的爆炸物，用电子听音器（见图4.15）可将其内部钟表走动的声音放大上千倍，检查人员在远距离外依然可以很清晰地听到。还有离子漂移检查设备，将吸附在人身上的离子送进分析室进行质谱分析，检测是否含有爆炸物成分等。

更为先进的是CT扫描技术，见图4.16，它通过对目标物体进行多角度的投影透视扫描，利用三维重建算法，能够获取被检查物体的尺寸、形状、内部结构及密度等信息。近年来，CT扫描可以进一步得到被检物质原子序数和电子密度在三维空间的分布信息，从而实现更准确的物质成分识别。依靠强大的密度分辨能力和空间分辨能力，结合其空间形状信息，CT可以准确地发现行李中隐藏的爆炸物。

 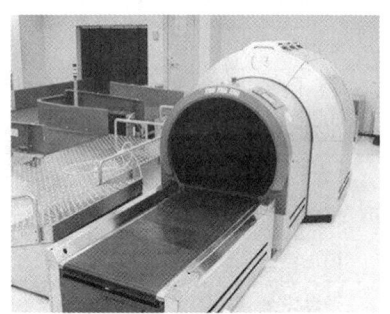

图4.15 电子听音器　　　　　图4.16 CT安检设备

此外，还有一些化学的方法也被应用于爆炸物检测。例如某些试剂喷在含有炸药成分的物品上时，即可与微量炸药产生作用发生化学反应，呈现出一种特殊的颜色，通过这种手段可以检测出某些特定的炸药。

五、爆炸物的处置方法

当在安检现场发现爆炸物后，应立即采取可靠措施，防止意外事故的发生。若是旅客携带疑似爆炸物，安检人员应立即将其扣留，送交公安机关审查处理。处置爆炸物前，应首先迅速查明爆炸物的种类、性能、原理、危险程度、伪装方法、有无诡计装置等，并根据爆炸物的性质和现场人员的具体情况，采取灵活机动的方法迅速处置。

（一）基本处置原则

1. 处置爆炸物要慎重

爆炸物是具有较大杀伤力的装置，一旦爆炸，将引起严重的后果。因此，在处置爆炸装置（包括可疑爆炸物）时要慎重。

2. 尽量减少损失

要尽可能不让爆炸物在人员密集的候机楼内爆炸，万一爆炸也要尽可能最大限度地减少爆炸破坏的程度，要千方百计保障旅客、工作人员和排爆人员的安全。

3. 专职人员排爆

发现爆炸装置（包括可疑爆炸物）后，应禁止无关人员触动，只有经过专门训练的专职排爆人员才可以实施排爆。

(二) 准备工作

1. 建立排爆组织

如确定对爆炸物进行处置，要事先成立排爆队，除领导亲自指挥外，要由有排爆专业知识和经验的专职排爆人员来进行。此外，还要组织好医护、消防小组，并使其处于待命状态。

2. 准备器材

处置爆炸物是一项危险性极大的工作，为保障人员的生命安全和提高排爆效率，应尽可能利用一些防护器材和排爆工具。防护器材主要包括防爆筐（箱）、防爆毯、防爆服与防爆头盔（见图4.17）、沙袋等直接减轻伤害的物品，也包括机械手、频率干扰器等特殊器材。排爆工具主要有钳子、剪子、刀具、高速水枪、液态氮等，以及新式的排爆机器人（见图4.18）等。

图4.17 防爆服与防爆头盔

图4.18 排爆机器人

3. 清理现场

在排爆现场，应将爆炸物附近的危险品、仪器设备进行转移，不能移动的应采取防护措施，清除爆炸物周围的铁器等硬质物体。现场的门窗都要打开，以防万一爆炸，所产生的冲击波尽可能得到释放。

如果爆炸物是可以转移的，要事先确定排爆地点。该地点应在勤务方案中事先明确，通常选择附近没有人员、建筑物和飞机的偏僻地点，最好事先构筑有排爆掩体等设施。

4. 疏散人员

即使是最有经验的排爆人员，用最有效的排爆器材和工具处置爆炸物，也难以百分之百保证爆炸物不爆炸。因此，在对爆炸物进行处置之前应考虑疏散无关人员。

疏散之前要对爆炸物进行大致判断，先判断真假，以决定是否疏散人员；然后判断威力，以决定在多大程度、多大范围内疏散人员。

疏散方式有三种：

（1）不撤离。当某件可疑物品有明显证据证明是非爆炸物，判断其几乎没有多大杀伤力时，可不疏散旅客和其他人员，只做适当的警戒。

（2）局部撤离。当某件物品被确认为爆炸物，但威力不大时，可对旅客和其他人员在一定范围内进行疏散。

（3）全部撤离。当判断爆炸物的威力很大时，要撤离爆炸物所在飞机和建筑物中的全部人员。

（三）处置爆炸物的程序

1. 对爆炸物的判断

主要包括真假的判断，威力的判断，是否有定时装置、水平装置、压拉松、防拆卸等机械诡计装置的判断等。对爆炸物做出准确的判断是很重要的，主要靠排爆人员的水平、智慧和经验，还可以借助一些器材进行，如电子听音器可判断是否有定时装置，小型移动式 X 射线机对该物进行不同角度的透视看清内部结构等。

2. 对爆炸物的具体处置

处置爆炸物的常用方法大致有三种：人工失效法、转移法、就地销毁法，应根据爆炸物的结构特点和所处的位置，灵活运用不同的方法。

第四章 爆炸物品

（1）人工失效法。如果判断爆炸物不便转移，可在现场用人工失效法排除。对处于危险状态的延期或触发式爆炸物，首先应使其引信失去功能，再对整个爆炸物进行拆卸，使引信和弹体（炸药）分开。

（2）转移法。当爆炸物位于候机楼和飞机周边等重要场所，装有反拆卸装置而无把握进行人工失效，并判断能移动时，要将爆炸物转移到安全地方进行处理。转移时应先确定路线，尽量避开人员密集、重要设施、交通要道等地，并在沿途设置警戒，最好是利用防爆罐或防爆车进行转移。

（3）就地销毁法。对装有反拆卸装置而没有把握排除，或失效处置后无保存价值的爆炸物，通常可以就地销毁。销毁爆炸物采用诱爆的方法进行，可用沙袋围在爆炸物周围以减小破坏程度。销毁爆炸物应当由专业人员实施，并要有人担任警戒，防止无关人员误入危险区。

六、典型案例

案例一：某日，一位旅客携带教学用爆炸物品被 N 机场国内科安检查获，内有炸药 14 种、雷管 8 根、导火索 3 根、拉火管 2 根。这是该机场运行以来查获爆炸物品种类和数量最多的一次。中午 12 时左右，当装有爆炸物品的包裹图像出现在 X 射线机屏幕上时，立即被当班开机员敏锐地辨别出来。他迅速停下了 X 射线机传送带，将行李控制在机器内，并马上通知值班队长有特殊情况，准备按照紧急情况处置预案进行处理。安检员见该旅客已年过花甲，其神态表情均无异常，但他还是牢牢控制住机器内的行李，作了妥善处理。后查明，该旅客系某市公安局刑侦总队的退休人员，此番乘坐航班前往外地进行"防爆"讲学，携带的 14 种炸药均已失效。

案例二：某日，C 机场安检员在检查旅客随身行李时，发现 X 射线机显示内有可疑物品，而该行李的持有者，一名 50 多岁的男性旅客神色十分慌张。经开包检查后发现这名旅客包裹内有一种疑似爆炸物的物品，数量有 7 个。当发现包内的违禁物品被查获后，该男子显得很不高兴，不停地说"可以带"，并试图从安检员手中把物品夺回去。看到这种情况，通道内其他安检人员立刻将其控制住，随即该旅客被移交机场公安机关处理。经审查，该旅客欲前往外地参加航模比赛，这 7 个爆炸装置为模型火箭的助动器，每个装置中都有一枚电雷管，两节小炸药，具有一定的爆炸性，一旦被带上飞机后果将不堪设想。

思考与练习

1. 什么是爆炸，爆炸可分为哪几类？
2. 炸药按照用途的不同可分为哪几类，各自有何特点？
3. 炸药的感度与起爆能之间有何关系？
4. 列举出一些常见的炸药，并分别指明其类别。
5. 什么是点火器材，常见的点火器材有哪些？
6. 什么是起爆器材，常见的起爆器材有哪些？
7. 根据使用武器的不同，枪弹可分为哪几类？
8. 枪弹主要由哪几部分组成，各部分的作用是什么？
9. 爆炸物由哪些基本部分组成，按使用方式可分为哪几种？
10. 引信按发火原理可分为哪几种？按所受外力作用的形式可分为哪几种？
11. 如何通过燃烧识别法来鉴别炸药？
12. 处置爆炸物有哪几种方法？

 本章重要知识点讲解视频

爆炸的定义及分类
化学爆炸与燃烧的区别

猛炸药的特点及典型代表

各类火工品

子弹的构造及发射过程

第五章 氧化剂和有机过氧化物

第一节 氧化剂

一、氧化剂的定义

(一) 化学中的定义

氧化剂这个词我们并不陌生,在化学反应中已多次出现。在氧化还原反应中,获得电子的物质称作氧化剂;与此对应,失去电子的物质称作还原剂。氧化剂在反应中对应元素的化合价降低,其自身发生了还原反应。

(二) 违禁物品中的定义

在违禁物品的分类中,也有一类物质被称为氧化剂,与刚才提到的概念有所不同。违禁物品中的氧化剂指的是处于氧化态,具有强氧化性,易分解放出氧和热量的物质。其化学性质活泼,本身不一定可燃,但容易导致可燃物的燃烧,因此同样具有较大危险性。

二、氧化剂的特性

1. 氧化性或助燃性

氧化剂的分子组成中往往含有高价态的原子或过氧基。如 $\overset{+5}{N}$、$\overset{+3}{N}$、$\overset{+5}{Mn}$、卤素中的 $\overset{+1}{X}-\overset{+7}{X}$、$\overset{+6}{Cr}$ 等高价态原子都有很强的得电子能力,过氧基能释放出游离态的氧原子,因此它们都表现出很强的氧化性。当氧化剂与还原性物质接触时可发生剧烈的放热反应,与松软的粉末状可燃物还能组成爆炸性混合物。这些氧化剂虽然本身不能燃烧,但在较高温度下可发生分解反应,放出氧气或其他助燃气体，使所接触的易燃物更容易着火，引起火灾或爆炸。

2. 受热分解性

氧化剂本身性质不稳定，在受到能量冲击（包括明火、撞击、震动、摩擦）时可能发生迅速反应，分解出原子氧并产生大量的气体和热量。若接触易燃物、有机物，特别是与木炭粉、硫黄粉、淀粉等粉末状可燃物混合时，易发生氧化还原反应，引起燃烧和爆炸。同属氧化剂类的物品，由于氧化性的强弱不同，相互混合后有时也能引起燃烧或爆炸。

3. 吸水性

大多数氧化剂具有不同程度的吸水性，吸水后溶解、流失或变质。有些氧化剂，特别是活泼金属的过氧化物，遇水或吸收空气中的水蒸气和二氧化碳能分解放出原子氧，致使可燃物质燃爆；漂白粉吸水后，不仅能放出原子氧，还能放出大量的氯；高锰酸锌吸水后形成的液体，接触纸张、棉布等有机物能立即引起燃烧。

4. 毒性和腐蚀性

氧化剂通常还具有一定的腐蚀性，如过氧化氢不小心沾到皮肤上会造成一定程度的腐蚀。有的氧化剂同时还具有毒性，如三氧化铬、过氧化钡、漂白粉，它们既能灼伤皮肤，还能致人中毒。

三、氧化剂的分级和常见物品

（一）氧化剂的分级

氧化剂根据其化学活泼性可分为一级氧化剂和二级氧化剂，其中前者的危险性更大。

1. 一级氧化剂

主要包括：过氧化物类，如过氧化钠、过氧化钾等；高锰酸盐类，如高锰酸钾、高锰酸钠等；其他，如银铝催化剂。这些物品中，过氧化物类含有过氧基（—O—O—），极不稳定，易放出具有强氧化性的原子氧；其余分别含有高价态的氯、氮、锰等原子，这些原子也都极易获得电子。

2. 二级氧化剂

主要包括：硝酸盐及亚硝酸盐类；溴酸钠、高碘酸等；其他氧化物，如三氧化铬、五氧化二碘等。

（二）常见的氧化剂

1. 过氧化氢（H_2O_2）

过氧化氢可与水任意比例混合，水溶液俗称双氧水，系无色透明液体，浓厚时略带淡蓝色，如图5.1，20℃时相对密度为1.13。其在催化剂二氧化锰的作用下会快速分解成水和氧气，它分解时放出的氧能强烈地助燃。过氧化氢与许多无机化合物或杂质接触后也会迅速分解，放出大量的氧、热量和水蒸气。

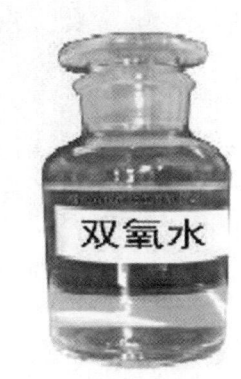

图5.1　过氧化氢（双氧水）

2. 过氧化钠和过氧化钾（Na_2O_2和K_2O_2）

过氧化钠与过氧化钾均为黄白色至黄色粉末、粒状或无定型状，图5.2为过氧化钠。它们均极易吸潮，吸收空气中的水分和二氧化碳而失效，具有碱金属过氧化物的通性。过氧化钠的相对密度2.8，熔点460℃；过氧化钾的相对密度3.5，熔点490℃。二者遇水均剧烈反应，释放出氧和热量，并形成腐蚀性的碱溶液。其主要能与可燃物、有机物或易氧化物质的混合物形成爆炸性混合物。

图5.2　过氧化钠

3. 高锰酸钾（$KMnO_4$）

高锰酸钾是深紫色、有金属光泽、粒状或针状结晶，溶于水，溶液呈深红色，如图5.3所示。其主要危险性在于强氧化性，遇硫酸、铵盐能发生爆炸；与某些物质（如甘油、乙醇）能引起自燃，可与有机物、还原剂、易燃物等强烈反应；遇可燃物失火能助长火势。误服会中毒，能使口腔、咽喉及消化道迅速腐蚀。

图 5.3 高锰酸钾及其溶液

4. 氯酸钾（$KClO_3$）

氯酸钾是生产火柴、炸药、焰火、雷管、染料、农药等的原料，还用作氧化剂、防腐剂，用于印染、造纸、医药等工业部门。它是有光泽结晶或白色结晶状粉末，不易潮解，如图5.4。相对密度2.32，熔点356℃，在碱性溶液中不具有氧化能力，在酸性条件下则显示强氧化作用，溶于水、碱溶液，微溶于

图 5.4 氯酸钾

乙醇。其主要危险性是具有强氧化性。常温下稳定，在较低温度下就能分解并放出氧气。与有机物、易燃物（如磷、硫）或强酸混合时变得敏感，受热、撞击、摩擦会引起爆炸；有金属粉末时，爆炸更加剧烈。

5. 漂白粉

漂白粉是一种有较强氯臭的混合物，白色或灰白色粉末，如图5.5，主要成分是次氯酸钙［化学式$Ca(ClO)_2$］。漂白粉的用途非常广泛，主要用于游泳池、工业循环水、饮用水的杀菌，以及卫生防疫、纸浆纱布等的消毒。

图 5.5 漂白粉

漂白粉可溶于水，其水溶液可以使石蕊试纸变蓝，随后逐渐褪色而变白。

遇空气中的二氧化碳可游离出次氯酸，遇稀盐酸则产生大量的氯气。它很不稳定，吸湿性强，遇高温、水、酸或油脂都会引起燃烧或爆炸，并且遇金属粉末会增加其危险性。漂白粉还是助燃剂，会助长周围可燃物的燃烧，引起火灾。此外，漂白粉在燃烧时会散发出有毒的氯气，通过上呼吸道和皮肤黏膜对人体造成毒害。

6. 硝酸钾（KNO_3）

硝酸钾俗称硝石，是无色透明结晶或白色颗粒至结晶性粉末，无毒无臭，相对密度2.1，熔点334℃，易溶于水、液氨及甘油，不溶于无水乙醇与乙醚。它在农业市场应用广泛，亦是黑火药的成分之一。其主要危险性是强氧化性，与可燃物接触，能助长火势；与还原剂、有机物接触能引起燃烧或爆炸，并产生刺激性气体。

7. 硝酸铵（NH_4NO_3）

硝酸铵既是一种化肥，又是制造炸药、杀虫剂等的原料，为无臭、透明的易潮解结晶或白色小颗粒，相对密度1.72，受热分解的温度不同则产物也不同。硝酸铵极易溶于水，溶解度随温度升高而迅速增加，溶于水时大量吸热。其主要危险在于强氧化性，能助长燃烧火势，与可燃物粉末混合能发生激烈反应而爆炸，受强烈震动也会起爆。

四、氧化剂的识别和处置

（一）识别方法

在检查中如发现可疑化学物品，安检人员一般应采取询问的方式，同时查看有关此类物品的文件、标识加以识别，确认是否是氧化剂等违禁物品。图5.6为国际通用的氧化剂危险性标签。

（二）处置方法

鉴于氧化剂对于航空运输危险性极大，故一般禁止旅客在行李中夹带

图5.6 氧化剂的危险性标签

此类物品。如发现携带有大量此类物品又形迹可疑的人员，除了扣留其所携带物品外，应将其送交公安部门处理。

疫情期间，有些旅客可能会常备一些消毒液或消毒泡腾片，如双氧水、84消毒液、过氧乙酸等，但这些都属于强氧化性的违禁物品，不得随身携带和托运。

五、典型案例

案例一：某日上午，N机场安全检查站开机操作员在对一名旅客的随身行李进行图像判读时，发现X射线机图像有疑点，遂立即通知开包员做进一步排查确认。经核查，该旅客行李箱内携带一瓶泡腾消毒片（见图5.7）。该物品虽为固体，类似药片，但内含三氯异氰尿酸成分，属于氧化剂，根据民航局相关规定，禁止随身携带及托运。安检员对其进行了耐心的宣传和解释后，该旅客表示理解相关规定，并对该泡腾消毒片做了自弃处理。

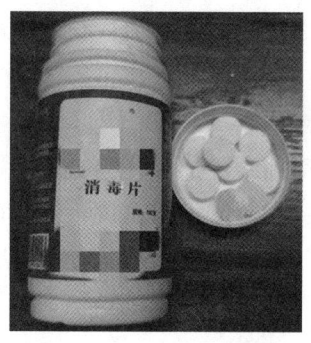

图5.7 查获的泡腾消毒片

案例二：某日，A机场安检员在执行安检任务时，发现一名女性旅客的箱包内有一瓶物品在X射线机里图像模糊不清，随即进行开包检查，发现一瓶名为"猴头菌片"的白色药瓶里装满黑紫色颗粒状物体，经识别确认可疑物为高锰酸钾。旅客解释是个人消毒物品，安检员随即向旅客说明高锰酸钾属强氧化剂，禁止旅客随身携带和交运，旅客表示配合并对该物品进行自弃。

第二节 有机过氧化物

一、有机过氧化物的定义

有机过氧化物指的是含有过氧基（—O—O—）的有机物，化学性质很不稳定，容易分解，有很强的氧化性。而且这类物质本身就是可燃物，易于着火燃烧，分解时的生成物为气体，容易引起爆炸。

绝大多数的有机过氧化物是无色或淡黄色的液体，或者是白色粉末或结晶状态的固体，一般具有弱酸性，多数不溶于水，易溶于一些有机溶剂中，是一类不稳定的易燃易爆化合物。

二、有机过氧化物的特性

（一）氧化性

有机过氧化物可看作是过氧化氢的衍生物，是 H—O—O—H 中的一个或两个氢原子被烷基、酰基、芳香基取代后的产物。由于含有过氧基，有机过氧化物有强烈的氧化性，化学性质活泼，受热超过一定温度后极易分解。

（二）易燃性

有机过氧化物本身是有机物，含有烷基、芳香基等易燃的原子官能团，其本身也属于易燃物质，许多这类物质在一定条件下会猛烈燃烧。因此可以认为有机过氧化物具有双重的危险，更应当引起重视。在运输过程中，有机过氧化物应避免阳光直射，远离各种热源，放置在通风良好的地方。

（三）与无机氧化剂的对比

有机过氧化物往往比无机氧化剂有更大的危险性，具体表现在以下方面。

（1）有机过氧化物比无机氧化剂更容易分解。其分解温度一般在150℃以下，有的甚至在常温时即分解。同时，有机过氧化物对杂质很敏感，对摩擦、撞击等外界作用也比无机氧化剂敏感。

（2）有机过氧化物分解产生的氧往往能引起自身燃烧，燃烧时放出的热量又加剧分解，如此循环往复，极难扑救，而无机氧化剂中绝大多数本身是不可燃的。

（3）有机过氧化物分解后的产物，几乎都是气体或易挥发的物质，再加上易燃性和自身的供氧性，往往在分解时发生爆炸。

三、有机过氧化物的分级及常见物品

（一）有机过氧化物的分级

有机过氧化物本身是归属于氧化剂这样一个大类中的，由于还具有可燃这样一种特殊的性质，故把其单独划出作为一个小项。因此，有机过氧化物均属于氧化剂中危险性较高的一级氧化剂。

（二）常见的有机过氧化物

1. 过氧化二苯甲酰（$C_{14}H_{10}O_4$）

图5.8　过氧化二苯甲酰

纯净的过氧化二苯甲酰为无色结晶，如图5.8，不溶于水，微溶于乙醇，溶于苯、氯仿等。干燥的过氧化二苯甲酰的危险性大，所以通常制成含20%或30%水的颗粒型水合物，或制成50%左右的增塑剂或其他稀释剂的各种糊状物，以降低它的易燃性和震动敏感性。其主要危险性在于易燃，遇热、摩擦、震动能引起爆炸分解，如其分解产生的热不能充分迅速散发，反应就加速成剧烈的自动分解或爆炸。摩擦震动放出的热量足以引起剧烈分解，与强酸、强碱、硫化物、还原剂等接触会发生剧烈反应。

2. 过氧化甲乙酮（$C_8H_{18}O_6$）

过氧化甲乙酮是无色油状液体，不溶于水。其主要危险性在于可燃，在一定温度下急剧分解，发生爆炸；受震动或受热起爆的敏感性强，遇某些化学品、热源或阳光可引起分解，剧烈反应引起燃烧或爆炸。

四、有机过氧化物的识别和处置

由于有机过氧化物极其活泼的化学性质，它同样是被禁止带上飞机的。其识别与处置方法，与前节所介绍的氧化剂基本相同。图5.9为国际通用的有机过氧化物的危险性标签。

图5.9　有机过氧化物的危险性标签

思考与练习

1. 氧化剂是如何定义的?
2. 氧化剂有哪些特性?
3. 常见的氧化剂有哪些?
4. 为什么说有机过氧化物比无机氧化剂有更大的危险性?
5. 对于查获的氧化剂和有机过氧化物应如何处置?

第六章 毒害品和感染性物品

第一节 毒害品

一、毒害品的定义及形态

（一）毒害品的定义

毒害品是指进入动物体后，能与机体的体液或器官组织发生作用，破坏正常的生理功能，引起某些器官和系统出现暂时性或永久性病理变化，甚至危及生命的物质。

（二）毒害品的物理形态

毒害品种类繁多，其物理形态也多种多样，固态、液态或气态的毒害品都有可能对人体造成不同程度的伤害。尤其当毒害品以气体、蒸气、雾、烟、粉尘等形态存在时，它们很可能飘浮于空气中，经呼吸道进入人体导致中毒。

（1）气体，指在常温常压下呈气态的物质，如氯气、氰化氢、硫化氢、一氧化碳等。

（2）蒸气，是指有毒液体蒸发或有毒固体升华时形成的有毒蒸气。凡是沸点低、蒸气压力大的物质，如有机溶剂，都容易形成蒸气，散发到空气中造成危害。

（3）雾，是指悬浮在空气中的液滴，如不少浓度高的强酸在空气中散发出来的酸雾，也具有相当的毒性。

（4）烟，是指飘浮于空气中的固体微粒，其直径一般小于 0.1 微米。有机物加热或燃烧时可能会产生有毒的烟，如农药、熏蒸剂等。

(5) 粉尘，同样是指能较长时间飘浮于空气中的固体微粒，其粒子直径一般在 0.1~10 微米。人体若吸入有毒粉尘，同样会对健康造成极大危害。

二、中毒途径与毒性大小

（一）中毒途径

毒害品对人或动物发生作用的先决条件是侵入体内。人或动物中毒的主要途径是呼吸道、皮肤和消化道。

1. 呼吸道

整个呼吸道都能吸收毒物，越往深处表面积越大，停留时间越长，吸收量也就越大。肺泡的面积很大，空气在肺泡内流速慢、接触时间长，肺泡壁很薄且肺泡上有丰富的毛细血管，所以肺泡对毒物的吸收最为迅速。有毒气体、蒸气以及颗粒微小的尘埃能直接到达肺泡，进入血液循环而分布全身造成中毒，吸入越多则中毒越厉害。呼吸道吸收毒害品的速度，取决于毒物的理化性质、在空气中的浓度、在水中的溶解度等，也取决于中毒个体的肺通气量及心血输出量等因素。此中毒途径在民航运输中特别需要注意。

2. 皮肤

有许多毒害品能通过皮肤吸收而直接进入血液循环。毒物经皮肤吸收大致有表皮、毛囊、汗腺这几个路径。由于表皮角质层下的表皮细胞膜富有固醇磷脂，故对非脂溶性物质具有屏障作用。脂溶性物质虽能透过此屏障，但还需有水溶性才能进一步扩散，因此只有与水、脂都相溶的物质才易被皮肤吸收。毒害品被皮肤吸收的数量和速度，除与毒物本身的脂溶性、水溶性和浓度等因素有关外，还与皮肤的温度、具体部位等有关。当皮肤损伤或患有皮肤病时，其屏障作用被损坏，此时就会大大促进毒物的吸收。

3. 消化道

对于航空运输来说，毒物经消化道进入人体可能性最大的是吸入呼吸道中的毒物随唾液咽下而进入消化道。消化道的酸碱度和消化酶的分布是影响毒物吸收的重要因素。毒物经消化道的主要吸收部位是在小肠，因为小肠有着较大的吸收面积和丰富的酶系统，可使与毒物结合的蛋白质或脂肪分解，从而释放出游离的毒物而促进其吸收。经消化道吸收的毒物一般需经过肝脏转化后，才进入血液循环。

（二）毒性大小的量度

毒害品虽对人体有毒害作用，但如果进入人体内的毒物剂量不足，则并不一定会引起中毒反应。用来反映毒物的摄入量与效应之间的关系称为毒性，不同毒害品的毒性大小显然也会有很大差异。通常认为，动物致死所需某毒害品的摄入量（或浓度）越小，则表示该毒害品的毒性越大。对某毒害品的毒性测定，一般是用动物实验进行的，最常用的毒性量度指标是LD_{50}和LC_{50}。毒害品的急性毒性可按LD_{50}或LC_{50}的大小分为五级：剧毒、高毒、中毒、低毒和微毒。

1. 致死中量

致死中量也称半数致死量，用符号LD_{50}表示，其含义是使一群试验动物（如小白鼠、家兔等）的死亡率达到50%时的每千克体重的毒物用量。其表达方式通常为有毒物质的质量和试验动物的体重之比，得到每千克的动物摄入该毒物的毫克数，单位 mg/kg。虽然毒性不一定和体重完全成正比，但这种表达方式仍有助于比较不同物质的相对毒性。

毒害品摄入的途径中的口服和皮肤接触一般都用致死中量来表示，所以致死中量又分为口服LD_{50}和皮肤接触LD_{50}。这里需说明的是，同一种毒害品的这两个指标值是不同的，而且也难以简单下结论谁大谁小，须经过试验确定。

2. 半数致死浓度

半数致死浓度用符号LC_{50}表示，用于衡量经呼吸道途径中毒时的毒性大小，其含义是一群试验动物呼吸接触毒害品一定时间后有50%死亡时该物质在空气中的浓度。对于气态毒害品而言，单位通常用 mL/m^3（即 ppm）表示，1ppm 表示一百万分之一；对于粉尘类毒害品，用每立方米空间含有该物质的毫克数表示，单位 mg/m^3。

3. 其他

除了以上两个最重要的参数之外，衡量毒性大小的指标还有诸如绝对致死量LD_{100}、最低致死量LDL_0、最低中毒量TDL_0、最低中毒浓度TCL_0等等。

（三）毒性大小的影响因素

决定毒害品毒性大小的根本因素是毒害品本身的化学组成和结构，但是毒害品的物理形态及特性也对毒性有很大的影响，大致体现在以下几个方面。

（1）毒害品在水中的溶解度越大，其毒性也越大。例如，同样是钡盐，硫酸钡不溶于水，人吞服后基本无毒；而氯化钡能溶于水，毒性就较大。再如，三氧化二砷的溶解度比三硫化二砷要大许多，故前者的毒性也较后者大得多。

（2）毒害品的颗粒越小，越易引起中毒。这是由于颗粒小，就更容易进入呼吸道而被吸收。对同种农药而言，一般情况下乳剂的毒性大于粉剂，粉剂的毒性大于颗粒剂。

（3）毒害品越易溶于脂肪，则越易渗过皮肤引起中毒。如苯胺、硝基苯一类脂溶性毒物很容易通过皮肤引起中毒。

（4）毒害品的沸点越低，越易引起中毒。因为沸点越低，就越易挥发成蒸气，增加毒害品在空气中的浓度，从而引起中毒。同理，气温越高，毒害品的挥发性越大，同时还会增加毒害品的溶解度和加快人体呼吸的频率，从而增大毒物进入人体的可能性。

三、毒害品的特性及常见物品

（一）毒害品的分级

根据毒害品的定义，属于毒害品的物品种类繁多。按其基本的化学组成，毒害品可分为有机毒害品和无机毒害品两大部分。

对于民航运输来说，也并非所有的含有毒性的物质都属于违禁物品。只有那些具有较强的毒性，可能造成人与动物中毒或污染环境的毒物才被列为毒害品，其量度的标准和具体的分级见表6-1。

表 6-1　毒害品的分级标准

包装等级	口服毒性 LD_{50}（mg/kg）	皮肤接触毒性 LD_{50}（mg/kg）	吸入尘雾毒性 LC_{50}（mg/L）
Ⅰ	≤5	≤50	≤0.2
Ⅱ	>5 且 ≤50	>50 且 ≤200	>0.2 且 ≤2
Ⅲ	>50 且 ≤300	>200 且 ≤1000	>2 且 ≤4

以上数据是根据在动物试验中得出的 LD_{50} 和 LC_{50} 作为标准，满足以上最低标准的物质可以认定为违禁物品中的毒害品。

（二）毒害品的特性

1. 毒性

毒性是毒害品最主要的性质，当毒害品以各种方式进入人体后，均有可能扰乱或破坏机体的正常生理功能，引起病变甚至危及生命，其衡量标准最主要的是前文提到的 LD_{50} 和 LC_{50}。

2. 可燃性

许多有机毒害品遇明火、高热或与氧化剂接触会燃烧或爆炸。毒害品燃烧时，又会放出有毒气体，加剧毒害品的危险性。

毒害品中的有机物大多是可燃的，其中还有不少液体的闪点低于60℃，同样也符合易燃液体的标准。

3. 腐蚀性

有不少毒害品对人体和金属有较强的腐蚀性，强烈刺激皮肤和黏膜，甚至发生溃疡加速毒物经皮肤入侵。

（三）常见的毒害品

1. 氰化物与氢氰酸

氰化物是金属或非金属与—CN基团的化合物，外形一般为块状、晶体或粉末，图6.1为氰化钾固体。其本身为不燃物，与氯酸盐或亚硝酸钠（钾）混合会引起爆炸。

图 6.1　氰化钾

口服剧毒，气态及粉状氰化物可被吸入而中毒，严重者致死。非骤死的氰化物中毒者，先出现感觉无力、头痛眩晕、恶心呕吐、四肢沉重以及呼吸困难等症状，随后面色苍白，失去知觉，甚至呼吸停止而死亡。氰化物遇酸生成氰化氢气体的反应式如下：

$$KCN+HCl \rightarrow KCl+HCN\uparrow$$

氢氰酸即氰化氢的水溶液，无色液体，极易挥发，散发出带有苦杏仁气味的剧毒蒸气。氰化氢往往毒性更强，且更容易通过呼吸道中毒，重则死亡。氢氰酸相对密度0.69，熔点$-13.2℃$，沸点$25.7℃$，溶液呈弱酸性。氢氰酸蒸气易燃，能与空气形成爆炸混合物，燃烧极限6%~40%。

2. 砷及砷的氧化物

砷属于无机剧毒品，自然界中有三种同素异形体广泛存在，分别称为灰砷、黄砷和黑砷。砷是有金属光泽的结晶块，质脆有毒，不溶于水，人误服或吸入粉尘会中毒。

砷有两种氧化物，分别是三氧化二砷（As_2O_3）及五氧化二砷（As_2O_5），其对应的酸与对应的盐多数皆为剧毒品，其他各类砷化物也大多具有毒性。三氧化二砷俗称砒霜或白砒，白色粉末，如图6.2，是两性氧化物，溶于水，剧毒。误服即发生咽干、口渴、流涎，持续呕吐并混有血丝，腹泻，粪便中混有血与黏液，并伴有剧烈头痛、四肢痉挛，抢救不及时则致心力衰竭或尿闭而死

图6.2 三氧化二砷（砒霜）

亡。一般认为成人的三氧化二砷的致死量为70~180毫克。

3. 三氯甲烷（$CHCl_3$）

三氯甲烷俗称氯仿，是无色透明易挥发液体，有特殊的气味，相对密度1.48，不溶于水，能与乙醇、乙醚、苯、石油醚混溶。在光的作用下，能与空气中的氧反应生成氯化氢和剧毒的光气。另外，氯仿有很强的麻醉作用，人体吸入一定浓度蒸气时，开始出现各种不适症状，直至不省人事。

4. 其他

此外，各种农药、灭鼠药等一般均为有机剧毒物品。

四、毒害品的识别和处置

（一）识别方法

毒害品多为化学物品，因此检查方法与其他化学类违禁物品也基本类似。安检人员一般需对X射线机图像有可疑的化学物品进行复查，对于查获的可疑容器，应对旅客进行询问，同时注意被问者的表情是否自然。另外，通过品名和性能标识及相关的证明文件来判别是否是毒害品。图6.3为国际通用的毒害品危险性标签。

图6.3　毒害品的危险性标签

（二）处置方法

对于查获的毒害品应予以扣留，并将携带者移交公安部门处理。

五、典型案例

案例一：某日，S机场行检科安检员在一旅客托运行李中发现有瓶状的可疑物品，便立即通知开箱员对此行李实施严格的手工开箱检查。经开箱检查发现，该行李内有20瓶粉末状物品，于是安检员便立即上报带班分队长。根据瓶上标签和旅客的自述，粉末状物品是制作除草剂、杀虫剂农药的原药，含有毒性并有刺激性气味，最后安检员将人和物移交公安处理。

案例二：某日下午，一位40多岁的女性旅客来到F机场五号安检通道内，当其随身携带的黑色帆布包经过X射线机检查时，检查员发现屏幕图像上有卫生球般大小的颗粒状物质。开包员打开旅客的包后取出一个密封完好、中部有螺旋状凸起的金属罐，其表面的产品标签上醒目地印着毒害品的图形警示标志，并注明了品名为磷化铝。安检人员遂将该旅客移交给机场公安机关处理。磷化铝主要用于谷仓熏蒸防治虫害，属于严格控制使用的储粮化学药品，它吸潮自行分解后会释放出可致人死亡的剧毒气体磷化氢，在操作时必须佩戴橡胶手套和防毒面具，这种对人有剧毒危害的化学品是严禁带上飞机的。

案例三：某日，N机场旅检科安检员在对其中一名施工人员人身检查时，发现其随身携带的一香烟盒内装有用卫生纸层层包裹的一小段蜡状物，一开始他声称是本人服用的药品，最后交代是用来毒狗的药物。安检员切下一小块燃烧实验，该物品未燃烧，但散发出怪异刺鼻的气味，安检员立感头晕不适，随后又觉喉咙发干，有烧灼和呕吐感。经公安机关调查，其携带的可疑物品呈白色圆柱形蜡状，为毒狗药，一周前赶庙会时所购，后一直随身携带。该物品经鉴定含有氰化钠成分，属毒害性危险物品，0.25克即能致人立即死亡。该人员被依法处以治安拘留5日。

第二节 感染性物品

一、感染性物品的定义及种类

（一）感染性物品的定义

凡含有能使人或动物感染得病的病原微生物的物品称为感染性物品。这类致病微生物包括细菌、病毒、立克次氏体、寄生虫、真菌或其他媒介物，能引起病态，甚至死亡。自2019年末开始肆虐各国、造成全球数亿人感染的新型冠状病毒，就是一个典型的例子。感染性物品一般无法给出具体的衡量参数，也无法用化学实验确定，通常由卫生防疫部门认定。

（二）感染性物品的种类

1. 各类致病的菌种、毒种

此类细菌、病毒等病原体本身，具有高致病性，一旦造成扩散传播，将引起严重的感染后果。

2. 培养物

培养物是指病原体在实验室故意被繁殖处理的结果，通常为了科学研究或者其他特殊需要。

3. 病原标本

病原标本是指为了研究、诊断、调查、疾病治疗和预防的目的，直接从人或动物身上采集的人体或动物体物质，包括血液及其制品、组织和组织液、分泌物、排泄物等。

4. 医疗或临床废弃物

该类物质是指对人或动物进行医疗或生物研究而产生的废弃物。

5. 生物制品

生物制品指的是来源于活生物体的制品。根据国家政府部门的要求生产和销售，被用于对人类或动物疾病的预防、治疗和诊断，或用于与此内容相关的开发、实验或研究目的，例如疫苗、诊断制品等。

一般情况下，按照国家政府卫生部门的要求制造和包装、供个人保健或诊断而使用的生物制品，不属于违禁物品的范畴，如品名末尾是"菌苗""疫苗""抗菌素""类毒素""血清（不含病料）""血浆"等的物品。

二、感染性物品的识别和处置

（一）识别方法

由于感染性物品含有病原体，一旦被带上飞机可能会造成旅客与机组人员的感染，故安检及相关部门对此类物品的检查和拦截是十分必要的。感染性物品的识别与处置方法，与前节基本相同，对可疑物品需进行进一步确认，检查其品名、标识和相关证明文件。图6.4为国际通用的感染性物品的危险性标签。

图6.4 感染性物品的危险性标签

（二）处置方法

对于查获的感染性物品，需立即将携带者扣留，送交公安部门审查处理。同时安检人员应注意保护好现场，等待专业人士到现场进行处理。而对于某些不属于违禁物品范畴的生物制品（如疫苗、核酸检测试剂等），凭卫生检疫部门的相关证明予以放行，但需符合液态物品的相关规定。

此外，各口岸机场的海关和检验检疫部门也应时刻提高警惕，防止来自境外的感染性物品流入。

三、典型案例

案例一：近日，B 机场海关查获 125 瓶瞒报的生物制剂。据悉该批生物制剂申报为塑料培养皿，数量 2 件，毛重 6 千克，经现场工作人员开箱查验，确认是一批会引发呼吸道传染病的细菌毒素，其中包括白喉毒素和百日咳毒素等，对人体危害极大，根据出入境特殊物品风险分级属于高风险特殊物品。如果这些制剂在运输的过程中出现破损等，后果将不堪设想。

案例二：某日，C 机场海关在快件渠道查获一批进境人体唾液样本，申报品名为"移民文件"，收件方为某基因检测公司。经工作人员开箱查验发现，包裹内有 8 支含人体唾液的棉签拭子，直接放置于信封内，无密封包装，可能携带细菌、病毒等传染病原体，存在传染病传播的风险。鉴于当事人无法提供相关证明文件，依据《出入境特殊物品卫生检疫管理规定》，海关已对该批人体唾液样本作截留处理。

思考与练习

1. 什么是毒害品？存在于空气中的毒害品有哪些形态？
2. 人体中毒的途径有哪些？
3. LD_{50} 和 LC_{50} 指的是什么，分别代表什么含义？
4. 常见的毒害品有哪些？
5. 感染性物品是如何定义的，包括哪几类物质？
6. 什么是生物制品？

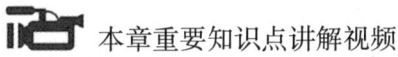 本章重要知识点讲解视频

中毒途径及毒性大小的量度

第七章　放射性物品

第一节　放射性原理

一、原子结构

（一）原子

我们都知道，物质是由分子组成的，分子是由原子组成的。在讲放射性物品之前，我们有必要先从组成物质的基本粒子——原子的结构说起。

在原子的中心有一个带正电的核，称为原子核；核外有一些带负电的电子绕着原子核按一定的规律做高速运动。原子核所带的正电荷数等于核外绕行电子的负电荷数，所以整个原子呈电中性。从质量上看，原子的质量可以看作几乎都集中在原子核上，核外电子不占质量。

（二）原子核的组成

原子核又是由一定数目带正电荷的质子和一定数目不带电的中子组成的。一个质子带一个单位的正电荷，质量相当于一个原子量；一个中子不带电，质量也相当于一个原子量。因此可以这样认为，一个原子核里的质子数就是核电荷数，有几个质子就带几个单位的正电荷，该数目决定了元素的种类。而质子数和中子数共同决定了原子的质量，两者的和即为该原子的相对原子质量，又称质量数。例如，某原子核内含有 8 个质子和 8 个中子，可判断其为 8 号元素氧，氧原子的相对原子质量为 $8+8=16$。

二、同位素

对于某一种元素的原子来说，它的质子数是固定的，而质量数可能不同，这是由于其所含有的中子数不同。我们把具有相同质子数，不同中子数的同一类元素的原子互称为同位素。同位素可用符号$_Z^A X$来表示，其中X表示元素符号，Z表示原子核内的质子数，A表示原子的质量数，则A-Z就是表示核内的中子数。例如，氢元素有三种不同质量数的原子：氕（$_1^1H$）、氘（$_1^2H$）、氚（$_1^3H$），它们的质子数均为1，中子数分别为0、1、2，因此互称为同位素。又如自然界中氯元素也有两种同位素：$_{17}^{35}Cl$和$_{17}^{37}Cl$，分别含有不同的中子数。

同一种元素的原子有的是稳定的，称为稳定性同位素，如氕、氘；有的不稳定，在不受外界任何条件的影响下会自发地放出射线，称为放射性同位素，如氚。随着现代科学技术的发展，可以用人工的方法，使得稳定的同位素变得不稳定，从而释放出射线，这类同位素就称为"人工放射性同位素"。日常生产生活中所涉及的放射性同位素，绝大部分是人工合成的。

三、放射性衰变

（一）衰变

一般来说，原子核里的质子数和中子数有一个最恰当的比例范围，在这个范围内它是稳定的。如果超出了这个比例，原子核内部的质子和中子则会呈现出不稳定状态，从而发生衰变。所谓衰变，是指放射性物质的原子核由于放出某种粒子而转变为新核的变化。衰变是自发地、连续不断地进行的，并且不受任何外界条件的影响，会一直持续到原子处于稳定状态才停止。

（二）半衰期

由于放射性元素原子的衰变，并不是所有的原子同时发生，而是每个时刻只有占原子总数一定比例的原子在发生衰变。完成衰变的过程中，有的元素快，有的元素慢。为了表示放射性元素衰变的快慢，常常使用"半衰期"这个概念。

所谓半衰期就是放射性物质的原子数目因衰变而减少到原来的一半所需的时间。每一种放射性物质的半衰期都是恒定的，但不同放射性物质的半衰期互不相同。如镭-226的半衰期约1600年，磷-32的半衰期是14.3天，碘-131 的半衰期是 8 天，钋-216 的半衰期却只有 0.16 秒。半衰期的长短对于辐射防护是十分重要的，半衰期短的放射性物质如果滞留在人体内，过一段时间，其放射性会自行减弱直至消失；而半衰期长的放射性物质如果滞留在人体内，其辐射危害就是长期的。

四、放射性活度与比活度

（一）放射性活度

放射性活度也称为放射性强度，是量度放射性的一个物理量，反映了某放射性物质放射的强弱程度。通常用每秒内某物质发生核衰变的数目，或每秒内放射出的相应粒子数目来表示某物质的放射性活度。放射性物质在每秒内发生核衰变的数目越多，即射出的相应粒子数目越多，那么放射性活度就越大。

放射性活度的单位，用贝克或居里这两个单位表示：

（1）贝克勒尔，简称贝克，记为 Bq，把每秒钟发生一个核衰变定义为 1 Bq，即 1 Bq＝1 衰变/秒。

（2）居里，记为 Ci，由于贝克的单位太小，在实际使用时常用居里这一单位。每秒内 1 g 纯镭的放射性活度为 370 亿（$3.7×10^{10}$）个原子核发生衰变，则将该放射性活度定义为 1 居里。

因此贝克和居里的单位换算为：$1\ Ci = 3.7×10^{10}\ Bq$。

（二）放射性比活度

单位质量（气体则通常为单位体积）的放射性物质的放射性活度，又称放射性比活度。使用这个指标，可以更确切地表示某种物质的放射性强弱。因此，我们常用放射性比活度的大小来度量某种物品是否属于放射性物品。

放射性比活度的计算公式为：放射性比活度 $a = \dfrac{放射性活度\ A}{质量\ m}$，计量单位常用的有贝克/千克（Bq/kg）或微居里/千克（μCi/kg）等等。

第二节 放射性物品

一、放射性物品的定义

放射性是指能够自原子核内部自行放出穿透力很强,而人的感觉器官不能觉察的粒子流(射线)的性质。具有这种放射性的元素及其化合物,称为放射性物品。

放射性物品可能以块状固体、粉末、晶体、液态、气态等各种物理形态存在。这类物质能够自发和连续地放出电离辐射,对人类健康产生危害。这种辐射不能被人体的任何感觉器官(包括视觉、听觉、触觉、味觉等)所觉察,但可用合适的仪器探测。

在民航运输中,也并非所有具有放射性的物品都被定义为违禁物品。例如有些带有放射性发光剂的仪器,其放射性活度很小,不会对人体造成危害,就不属于违禁物品。关于违禁物品中的放射性物品的具体界定,我们一般是指放射性比活度大于 7.4×10^4 Bq/kg(即 2 μCi/kg)的物品。

二、常见射线的种类和性质

放射性物质所放出的射线常见的有 α 射线、β 射线、γ 射线和中子流四种。各种不同的放射性元素或化合物,有的只能放出一种射线,有的则可以同时放出几种射线。不同射线的性质及对人体的危害程度是不同的。

(一) α 衰变与 α 射线

有些原子量较大的重原子核,由于质子数太多,质子间的静电排斥力较大,结构松散,常常会自动放出由两个质子和两个中子组成的 α 粒子(即氦原子核),带有两个单位正电荷,可记作 $^4_2\text{He}^{2+}$。因此,每发生一次 α 衰变,新生成的原子与原先相比较,核电荷数减小 2,质量数减小 4,元素种类也相应发生变化。这就是 α 射线的来源,这种衰变称为 α 衰变。

其表达式可写作:$^A_Z X \rightarrow \alpha + ^{A-4}_{Z-2} Y + Q$(其中 Q 为衰变能)。

α 射线,又称甲种射线,是放射性物质所放出的 α 粒子流。例如,铀等放射性元素衰变时会放出 α 射线。由于 α 射线是一种带电粒子流，它有很强的电离作用，它所到之处很容易引起电离，对人体内组织破坏能力较大。然而 α 射线因为电离作用很容易损失能量，再加上其本身质量较大，故穿透能力较差，在空气中的射程只有几厘米，衣服纸张就能挡住 α 射线。不过一旦 α 射线进入体内，就会因损耗大量能量而无法穿出，滞留体内造成内辐射危害。

（二）β 衰变与 β 射线

一般情况下，原子核内的质子数和中子数有一个恰当的比例范围，在此范围内，原子核是稳定的。如果原子核里中子数量太多，多余的中子就会自动变为质子，并放出一个电子，也就是 β 粒子，带一个单位负电荷，这个过程称为 β 衰变。新生成的原子相比之前，核电荷数增加 1，质量数不变，元素种类同样发生了变化。

其表达式可写作：${}_Z^A X \to \beta + {}_{Z+1}^A Y + Q$（其中 Q 为衰变能）。

β 射线，又称乙种射线。β 粒子即电子，β 射线其实就是带负电的电子流，有很快的速度。β 射线的穿透能力比 α 射线强，达到一定剂量就能穿透人体皮肤而使组织受到伤害，称为外辐射危害。此外，β 射线一旦进入体内同样会引起内辐射危害。不过由于其质量小、速度快、电荷少，与 α 射线相比，穿过同样距离引起的损伤相对小些，故 β 射线对人体组织的内辐射危害比 α 射线小。

> 内辐射和外辐射都是核辐照射的一种方式。内辐射指的是放射性核素进入生物体并留在体内，使生物受到来自内部的射线照射；外辐射指的是放射性核素在生物体外，使生物受到来自外部的射线照射，射线作用后体内不存在放射性物质。

（三）γ 衰变与 γ 射线

γ 衰变也是放射性元素衰变的一种形式，与原子核的能级跃迁有关，反应时放出 γ 粒子。γ 粒子即属于高能光子，不带电。此衰变过程并不涉及原子质量与电荷的变化。

γ 射线，又称丙种射线，是一种波长很短的电磁波，是一种光子流。γ

射线有极强的穿透本领，是β射线的50~100倍，是α射线的1万倍，要完全阻挡或吸收γ射线是很困难的。例如，要使钴-60的γ射线减弱到原来的十分之一，阻隔它的铅厚度须达5厘米，混凝土层厚度须达20~30厘米，泥土层厚度须达50~60厘米。γ射线的外部辐射会破坏人体细胞，导致人体内的正常化学过程受到干扰，严重的可以使细胞死亡。利用这一特点，医学上引入γ射线用作肿瘤治疗。γ射线的电离能量最弱，不会滞留在体内。所以，γ射线对人体基本上不存在内辐射危害，主要是需防护其外辐射危害。

（四）中子流

前文提到，中子是一种不带电的粒子，是原子核的组成部分。在自然界，中子不单独存在。只有在原子核分裂时，才能从原子核里释放出中子，或是由中子源放出中子。

由于中子不带电，不能直接由电离作用而消耗能量，因而穿透力很强。当中子通过物质时，会与物质中的原子核碰撞而损失能量，使它的速度降低。然而，中子却与轻原子核碰撞时损耗的能量多，与重原子核碰撞时损耗的能量反而少。因此，中子最容易被含有很多氢原子的物质和碳氢化合物吸收，却能顺利通过铁、铅等很重的物质。

人体是一个有机体，有大量的碳、氢等轻质元素，这正是中子的良好减速剂。中子流进入人体后，会撞击碳、氢的原子核而发生核反应，又同时放出γ射线，对人体的危害极大。所以，中子流对人体的伤害，不论是外辐射还是内辐射都是极严重的。例如中子弹作为新一代核武器，对有生力量杀伤巨大，却不会毁坏建筑物。

表7-1列举了几种常见放射性射线的基本性质。

表7-1 常见放射性射线的基本性质

射线种类	基本粒子种类	所带电荷情况	主要危险性
α射线	两个质子两个中子	两个单位正电荷	内辐射
β射线	电子	一个单位负电荷	内辐射，外辐射
γ射线	光子	不带电	外辐射
中子流	中子	不带电	内辐射，外辐射

三、放射性物品的识别和处置

(一) 识别方法

安检人员在对旅客行李进行检查时，应注意在 X 射线图像中出现的特别黑或特别亮的情况。若旅客携带有放射性物品，为了防止其发生泄漏，一般用铅质容器密封包装，故 X 射线在此部位无法透过而形成黑斑。反之，如果放射性物质泄漏的话，在该部位接收到的射线的强度就会增大，从而出现亮斑。

对于可疑的物品须查问有关人员，并查验有关的标识及证明文件。有条件的安检站可配备放射性强度的检测仪器，用仪器测量物品的放射性强度。图 7.1 为国际通用的放射性物品（Ⅰ级、Ⅱ级、Ⅲ级）的危险性标签。

图 7.1 放射性物品危险性标签

(二) 处置方法

若查获来源不明又无相应证明文件的放射性物品，应予扣留，人员移交公安部门处理。对于有相应的证明文件，又是工农业、国防科研和医疗等部门急需的放射性物品，可让其到货运部门，依据国际危险品规则的相应包装要求，作为危险货物运输。

四、典型案例

案例一：某日上午，G 机场安检员对一位旅客周某的行李箱进行 X 射线检查时，发现箱内有一个不可穿透的黑乎乎的物体，便要求其开箱接受检查。周某从行李中取出一个茶叶罐，一边揭盖一边告诉安检员里面装的是医用放射源。安检员看见金属铅包裹的物件上面依稀印有"放射钴"的字样，经确认是放射性同位素钴-60，大吃一惊的安检员明确告诉周某放射性物品严禁携带上飞机，并立即联系机场公安。据周某称，她是一名医生，携带该物品是用来治疗病人的，之前并不知道自己的行为会触犯民航有关安全法规。像钴-60这样的放射性物品如果被旅客携带上飞机，一旦发生泄漏，客舱内的旅客就会受到辐射，出现急性放射性病症，重者会导致休克甚至死亡。对于放射源的携带和使用，各国均有极为严格的管理条例，个人携带是绝对不允许的。

案例二：某日，L机场安检员在一名旅客的行李中发现一瓶用褐色玻璃瓶装的半晶体状物品，经检查确认该晶体状物品是硝酸钍，属于放射性物品，随后旅客被移交至机场公安机关。据该旅客称，该件放射性物品是做化学实验用的，对于不能携带乘机的规定之前并不了解。

思考与练习

1. 原子核是由哪些部分构成的，它们的带电情况如何？
2. 同位素是如何定义的？试列举一些同位素的例子。
3. 什么是衰变？什么是半衰期？
4. 放射性活度的单位是哪两个，分别是何含义？
5. 常见的放射性射线有哪几种？它们的粒子构成、带电情况、辐射危害是怎样的？

本章重要知识点讲解视频

原子结构与同位素

第八章 腐蚀性物品

第一节 腐蚀原理

一、腐蚀的定义及现象

腐蚀是指材料在环境的作用下引起破坏与损耗的现象。腐蚀主要是由于化学或电化学反应而使物质的表面受到破坏,有时还包括机械作用、物理作用或生物作用引起的破坏。一般的腐蚀现象在生活中十分常见,例如铁在潮湿空气中会生锈等。不过本章所介绍的主要是指会造成强烈腐蚀现象的物品。

很多化学物品能使与之接触的其他物品发生腐蚀现象。它们若被带上飞机,一旦包装破损极有可能造成机毁人亡的事故,所以被列为违禁物品。

二、腐蚀反应

(一) 腐蚀的类型

出现腐蚀现象所发生的化学反应称腐蚀反应,包括金属腐蚀、非金属腐蚀、有机物(如皮肤、黏膜)腐蚀这三类。

(二) 具体的腐蚀反应

腐蚀性物品所造成的腐蚀反应大致有如下几种。

1. 置换反应

较活泼的金属与酸能够发生反应,置换出氢气;诸如铝等两性金属还能够与碱发生反应,同样置换出氢气。方程式如下:

$$Fe + H_2SO_4(稀) \longrightarrow FeSO_4 + H_2\uparrow$$
$$2Al + 2NaOH + 2H_2O \longrightarrow 2NaAlO_2 + 3H_2\uparrow$$

2. 含氧酸氧化金属

浓硫酸、浓硝酸等含氧强酸，会对金属起到氧化作用。例如：

$$Cu + 2H_2SO_4(浓) \xrightarrow{\Delta} CuSO_4 + SO_2\uparrow + 2H_2O$$

3. 脱水腐蚀

某些浓的强酸如浓硫酸能使有机物脱水而焦化，有机体接触这类酸会造成严重的灼伤。因为有机化合物最主要含有碳、氢、氧三种元素，这类物质遇到浓硫酸时，成分里的氢、氧两元素按照水的组成（即两个氢原子和一个氧原子的比例）被浓硫酸吸收掉，这种现象叫作有机物的"脱水"。有机物经脱水后，就变成了炭，因为它的成分里只剩下碳元素了，这种现象称为"炭化"或"焦化"。浓硫酸对皮肤的灼伤，首先使有机体脱水，同时迅速释放出热量。如不及时除去，则皮肤将变焦黑，就像树皮烧焦的那样。

4. 氧化腐蚀

某些酸性物质具有强氧化性，能使有机物氧化而被腐蚀。例如，过量的漂白粉会使衣物、纸张发脆断裂。

5. 强碱破坏组织

强碱性物质能与油脂、氨基酸等发生作用而破坏人体组织，使人体受到伤害，曾有人误食一口氢氧化钠而丧命。

6. 磺化、硝化反应

硫酸可使部分物质发生磺化反应，硝酸可使部分物质发生硝化反应。磺化是向有机物分子中引入磺酸基—SO_3H，硝化是向有机物分子中引入硝基—NO_2，二者都是化工上的一种工艺，较为复杂，而这些反应都能破坏有机体的结构。

三、腐蚀性的衡量标准

（一）腐蚀率

衡量某种化学物质对材料的腐蚀性的大小，常用腐蚀率这个概念。腐蚀率指的是单位时间内材料表面被腐蚀的厚度（或深度），实质上体现的是腐蚀反应的速度，其计量单位一般用毫米/小时（mm/h）或毫米/年（mm/a）来表示。

（二）影响因素

决定腐蚀性强弱的最根本因素是物质本身的性质，即影响腐蚀率大小的内因。不同的腐蚀性物品，有着不同的化学结构和分子组成，发生腐蚀反应的速度也有差别。此外，外部的环境因素也会影响到腐蚀反应的速度。

1. 浓度

浓度是指单位体积内所含某种物质的量。单位体积溶液中所含的溶质越多，其浓度就越大。腐蚀品的浓度对腐蚀率的影响很大，一般来说，浓度越高，腐蚀率越大，反应速度也越快。

2. 温度

温度对化学反应速度有很大的影响，大多数的化学反应速度都随温度的升高而加快。因为温度升高时，分子具有的能量较大，分子运动变得更加活泼，这样分子碰撞后发生反应的机会也相应增多。同样，对于腐蚀品而言，腐蚀率会随温度升高而增大。

3. 其他物质的影响

一些化学反应常常因有少量的其他物质加入而使反应速度加快，这种能使反应速度改变而本身质量不变的物质称为催化剂。有的腐蚀反应在加入特定的催化剂后，会大大提高腐蚀率。当几种同类的腐蚀品混合在一起时，有时也会使腐蚀作用增大很多。例如，由一体积浓硝酸和三体积浓盐酸混合而成的混合酸（俗称王水），其腐蚀性比单纯的浓硝酸或是浓盐酸都更为强烈，甚至能溶解最稳定的金属铂和金。

第二节 腐蚀性物品

一、腐蚀性物品的定义与分级

(一) 腐蚀性物品的定义

在违禁物品中,由于化学反应而能够严重损伤与之接触的生物组织,或发生渗漏会严重损坏其他物品及运输工具的物质,称为腐蚀性物品。由于其短时间内即会在接触的表面发生化学反应或电化学反应,故能造成明显的破坏现象。

(二) 腐蚀性物品的分级

为了规范运输管理的要求,需要对腐蚀性物品进行明确的界定。同一腐蚀性物品对不同材质的腐蚀程度不一样,因此需要统一被腐蚀的衡量物。另外,反应时间也是一个不确定的量,需要明确。

我们参照货运中危险品运输的标准,将对人体的皮肤或黏膜组织的损害程度(通过动物实验取得)作为腐蚀性强弱的统一衡量标准,以与皮肤接触发生坏死现象所需的时间长短为尺度,把腐蚀性物品按危险程度划分为三个包装等级:

1. Ⅰ级包装

使被测物质与完好的动物皮肤接触,接触时间不超过 3 分钟,观察时间为 60 分钟,在观察期间内皮肤如出现坏死,则定义为Ⅰ级。

2. Ⅱ级包装

使被测物质与完好的动物皮肤接触,接触时间超过 3 分钟而不超过 60 分钟,观察时间为 14 天,在观察期间内皮肤如出现坏死,则定义为Ⅱ级。

3. Ⅲ级包装

这一等级的腐蚀性有两个衡量指标:

(1) 使被测物质与完好的动物皮肤接触,接触时间超过 1 小时而不超过 4 小时,观察时间为 14 天,在观察期间内皮肤如出现坏死;

(2) 在温度55℃时，被测物质在一年之内腐蚀钢或铝的厚度达到6.25毫米以上。以上两种情况则定义为Ⅲ级。

具体可参见表8-1。

表8-1 腐蚀性物品的分级标准

包装等级	接触时间	观察时间	钢/铝的腐蚀厚度
Ⅰ	≤3 min	≤60 min	/
Ⅱ	>3 min 且≤60 min	14 d	/
Ⅲ	>1 h 且≤4 h	14 d	试验温度55℃，年腐蚀厚度>6.25 mm

二、腐蚀性物品的特性及常见物品

（一）腐蚀性物品的特性

腐蚀性物品是化学性质非常活泼的物质，能与很多金属、非金属及动植物机体等发生反应。该类物品不仅具有腐蚀性，往往同时还具有毒性、易燃性或氧化性等性质中的一种或数种。

1. 腐蚀性

1）对人体的烧伤

腐蚀性物品与人体接触后，都能形成程度不同的腐蚀，其对人体的伤害称为化学烧伤（或化学灼伤）。具有腐蚀性的固体、液体和气体物品都会对皮肤或器官的表面造成化学烧伤。

值得注意的是化学烧伤与物理烧伤有很大的不同。物理烧伤会使人立即感到强烈的刺痛，但是脱离接触后，伤害就不继续加深；而化学烧伤要经过数分钟、数小时，甚至数日后才表现出它的严重伤害，所以常常被人们忽视，危害性也就更大。此外，腐蚀性物品与皮肤接触后，灼伤逐步加剧，会引起周围组织坏死，要清除掉沾在皮肤上的腐蚀性物品颇费周折。同时它还会通过皮肤被吸收进入体内，引起全身中毒，较难痊愈。所以化学烧伤比物理烧伤更应引起重视。

固体腐蚀性物品如氢氧化钠等，能烧伤与之直接接触的表皮。液体腐蚀性物品能透过衣物发生作用，进而侵入至人体表皮。气体腐蚀性物品虽然种类不多，但许多液态蒸气和粉尘同样具有严重的腐蚀性，它们不仅能伤害人体的外部皮肤，还会侵害呼吸道和眼睛。而呼吸道和消化道的表面黏膜比人体表皮更容易被腐蚀，当内部器官被烧伤时，会引起炎症（如肺炎等），严重者会导致死亡。有些腐蚀性物品对皮肤的伤害能力很小，但对某些器官却有强烈的刺激。如稀氨水对皮肤的腐蚀作用很轻微，但如溅入眼睛，则可能引起失明。还有氢氟酸接触皮肤后，表皮腐蚀似乎并不严重，但会侵蚀骨骼中的钙而造成严重的后果。

2）对物品的腐蚀

腐蚀性物品中的酸、碱甚至盐都能不同程度地腐蚀金属。它们会腐蚀金属的容器、车厢、货舱、机舱及设备等，即使这些金属物品不直接与腐蚀性物品接触，也有可能因腐蚀性蒸气的作用而锈蚀。

有机物质如木材、布匹、纸张和皮革等也会被酸或碱腐蚀，腐蚀性物品甚至能腐蚀水泥建筑物。洒漏于水泥地上的盐酸，能把光滑的地面腐蚀成麻面；硫酸如未加水稀释流入下水道，会使水泥制的下水道遭到毁坏；氢氟酸甚至能腐蚀玻璃。

2. 毒性

不少腐蚀性物品具有不同程度的毒性，如五溴化磷、偏磷酸、氢氟硼酸等。还有一些具有挥发性的物品，如发烟硫酸、发烟硝酸、浓盐酸等，能挥发出有毒的蒸气，在腐蚀机体的同时，还能引起中毒。

3. 易燃性

有机腐蚀性物品一般都具有可燃性，这是所有有机物的通性，是它们本身的化学结构所决定的。一些挥发性强的有机腐蚀性物品闪点比较低，当外界温度达到一定值时接触明火会引起燃烧。有些强酸强碱，在腐蚀金属的过程中放出氢气，当氢气在空气中占一定的比例时，遇高热、明火会引起燃烧甚至爆炸。

4. 氧化性

腐蚀性物品中的含氧酸大多数是强氧化剂（如硫酸、硝酸），它们本身在与其他物质发生作用时，会夺得其电子将其氧化。例如浓硫酸可以氧化金属铜，同时放出有毒的二氧化硫气体。此外，硝酸若暴露于空气中在光照条件下就会分解产生二氧化氮和氧气，方程式如下：

$$4HNO_3 \xrightarrow{\text{光}} 4NO_2 \uparrow + 2H_2O + O_2 \uparrow$$

另一方面，氧化性有时也可以被利用，如浓硫酸和浓硝酸的强氧化性会使铁、铝在冷的浓酸中第一时间被氧化，其表面生成一层致密的氧化物薄膜，阻止反应进一步进行，反而保护了金属，这种现象称为"钝化"。利用这一特点，我们可以用铁制容器盛放浓硫酸，用铝制容器盛放浓硝酸。

(二) 常见的腐蚀性物品

1. 硫酸（H_2SO_4）

硫酸（见图 8.1）是无色无臭透明黏稠的油状液体，具有强腐蚀性。纯硫酸的相对密度 1.83，沸点 337℃，能与水以任意比例互溶，同时放出大量的热。稀释浓硫酸时，应注意必须将浓硫酸沿器壁缓缓注入水中，否则会使酸液飞溅而造成伤害。

硫酸本身虽然不燃，但其化学性质非常活泼，有明显的脱水和氧化作用，与可燃物接触会剧烈反应。浓硫酸与许多物质，特别是木屑、稻草、纸张等接触发生氧化还原反应，放出高热，并可引起燃烧。浓硫酸腐蚀性强，会对人体造成严重灼伤，还会使皮肤和组织脱水，脱水后的皮肤从成分到外观都与木炭相似。

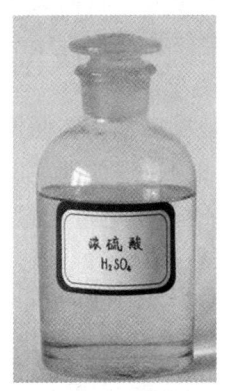

图 8.1　硫酸

2. 硝酸（HNO_3）

硝酸是无色透明，有独特的窒息性气味的腐蚀性液体。浓硝酸有时因溶有二氧化氮而呈现淡黄色，相对密度 1.50，熔点 -42℃，沸点 83℃。硝酸化学性质活泼，能与多种物质发生反应，可腐蚀各种金属和材料。浓硝酸在长期储存后，尤其是在光线照射或受热情况下，会分解释放出二氧化氮，因此应置于棕色瓶中于阴暗处避光保存，如图 8.2。

浓硝酸是强氧化剂，能与多种物质剧烈反应，遇有机物、木屑等还原剂能引起燃烧，严重时发生爆炸。硝酸蒸气中，除本身外还含有多种剧毒的氮氧化物，蒸气对眼睛、呼吸道黏膜和皮肤具有强烈刺激性，浓

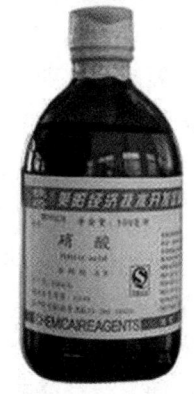

图 8.2　硝酸

度高时可引起肺水肿。硝酸还能氧化毛发和皮肤的组织部分——蛋白质，使蛋白质转化为一种黄色的复杂物质。所以若硝酸溅到皮肤上，愈合很慢，并且会留下很难看的疤痕。

3. 盐酸（HCl）

盐酸（见图8.3）是无色至微黄色的液体，是氯化氢的水溶液，有强烈的刺鼻气味，具有较高的腐蚀性，工业用途广泛。盐酸可溶于乙醇和乙醚，在常温下易挥发。将盛有浓盐酸的容器打开后，挥发出的氯化氢气体会与空气中的水蒸气结合产生盐酸小液滴，使瓶口上方出现酸雾。

盐酸对大多数活泼金属都有强腐蚀性，反应时放出的氢气会与空气形成爆炸性混合物。氯化氢气体或盐酸酸雾刺激性强，能严重刺激眼睛和呼吸道黏膜，引起腐蚀性灼伤。

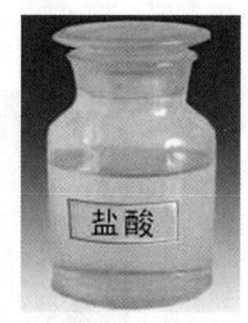

图8.3　盐酸

4. 乙酸（CH_3COOH）

乙酸俗称醋酸、冰醋酸，是一种有机一元酸。它是无色透明液体，有强烈的刺激性酸味，相对密度1.05，沸点118℃，溶于水、乙醇、乙醚、四氯化碳，不溶于二硫化碳。冬季严寒时，乙酸低于凝固点16.6℃而冻结，外观与冰相似，故得名冰醋酸，见图8.4。

乙酸的主要危险性在于易燃，蒸气和空气能形成爆炸性混合物。闪点40℃，燃烧极限4%～17%，化学性质活泼。其水溶液中呈弱酸性且腐蚀性强，蒸气对眼和鼻有刺激性作用，误服可使消化道严重溃疡、坏死。生活中的食醋主要成分即为乙酸，但浓度很低。

图8.4　（冰）醋酸

5. 氢氧化钠（NaOH）

氢氧化钠俗称烧碱、苛性钠，一般为片状或颗粒状，易溶于水形成强碱性溶液，相对密度2.13，熔点318℃，沸点1388℃。其吸湿性强，从空气中迅速吸收水分并放出大量热，也会吸收二氧化碳。

氢氧化钠有强烈的刺激性和腐蚀性,粉尘或烟雾会刺激眼、皮肤和呼吸道,与之直接接触会引起灼伤。氢氧化钠的浓溶液能使不溶于水的活体组织成为能溶于水的酸酯钠和醇,所以氢氧化钠能溶解丝、毛和动物组织。误服可造成消化道灼伤,黏膜糜烂、出血,可致命,须立即用1%的醋酸溶液中和。图8.5为氢氧化钠固体及溶液。

图8.5　氢氧化钠固体及溶液

6. 甲醛溶液（HCHO）

35%~40%的甲醛水溶液俗称福尔马林（见图8.6）,是无色、有刺激性恶臭的液体,具有防腐、消毒和漂白的功能,可用于固定生物标本、保存尸体等。甲醛能与蛋白质中的氨基结合,使蛋白质变性。

其主要危险性在于容易气化,放出甲醛气体,在空气中易燃,与空气能形成爆炸性混合物,遇明火或其他热源有燃烧的危险。液体与皮肤接触会使蛋白质凝固,导致皮肤硬化甚至局部坏死。

图8.6　福尔马林溶液

三、腐蚀性物品的识别和处置

（一）识别方法

鉴于腐蚀性物品的危险性,若其被带上飞机一旦发生泄漏,很可能对旅客和机组造成伤害,损坏飞机结构甚至引发机毁人亡的惨剧。因此,安检人员应注意防范此类物品，对查获的可疑化学物品一般需进行询问，同时通过品名、性能标识及相关证明文件来判别是否属于腐蚀性物品，图8.7为腐蚀性物品国际通用的危险性标签。

（二）处置方法

对于腐蚀性物品，按规定通常禁止旅客随身携带及在托运物品中夹带。安检人员对于查获的此类物品一般予以扣留，将携带者移交机场公安机关处理。若确实是工业生产需要运输的，应按照危险品运输的相关规定来进行货运。

疫情期间不少旅客会携带体温计乘机。其中水银体温计由于内部的水银（汞）带有一定的腐蚀性和毒性，按规定是不能随身携

图8.7 腐蚀性物品危险性标签

带的，因内部水银含量不多，故其作为限制携带物品只能办理托运，每人仅限一支且必须放置在保护盒里。

四、典型案例

案例一：某日，H机场一男性旅客在办理乘机手续进行托运行李的安全检查时，工作人员发现旅客包内有许多不明液体，进行开包检查后确定其为12瓶石油化工品试剂，经仪器检测，其具有强腐蚀性，见图8.8。

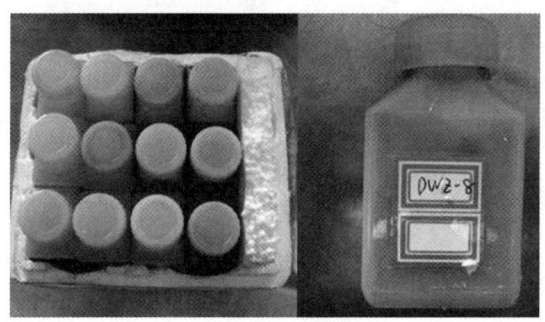

图8.8 查获的腐蚀性液体

案例二：某日，K机场安检人员在执行一趟国际航班的检查任务时，开机员敏锐地发现一旅客托运行李图像中显示有瓶装可疑物，随即发出开检指令。当旅客打开行李后，开机员在标注的相应位置查获5瓶氟化氢铵（NH_4HF_2）。这是一种具有强刺激性、强腐蚀性的化学品，一旦作为普通行李进入航空器，危险性极大。检查员对其行李进行二次复检未发现其他可疑物品后，经请示按照相关规定连人带物移交机场公安机关进一步处理。

思考与练习

1. 什么是腐蚀？具体的腐蚀反应有哪几种？
2. 腐蚀性的大小受哪几方面因素影响？
3. 腐蚀性物品通常具有哪些特性？
4. 常见的腐蚀性物品有哪些，各有何危害？

本章重要知识点讲解视频

腐蚀性物品介绍

第九章 火种

一、火种的定义及常见代表

火种,指的是可用来点火的东西。在违禁物品范畴中,火种通常指各类打火机、火柴以及一些新型的点火器、点烟器等。

(一) 打火机

打火机是小型的手动取火装置,主要用于吸烟取火及点燃其他易燃材料,如图9.1所示。打火机的主要部件包括发火机构和贮气箱,内装燃料的成分是石油化合物。发火机构动作时,迸发出火花射向燃气区,将燃气引燃。现代打火机按使用的燃料不同可分为液体打火机和气体打火机,按发火方式可分为砂轮打火机和电子打火机。

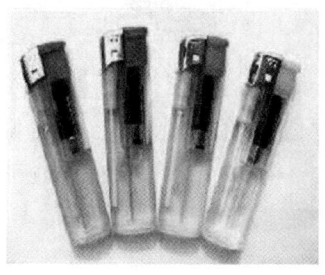

图9.1 Zippo打火机与一次性打火机

(二) 火柴

日常用的安全火柴(如图9.2),是根据物体摩擦生热的原理,利用氧化剂和还原剂的化学活性,制造出的一种能摩擦发火的取火工具。火柴棒

图9.2 安全火柴

浸有石蜡,棒头的主要成分是氯酸钾、硫磺、着色剂等,包装小盒的两侧则涂有赤磷、硫化锑等混合物。使用时,用火柴头在盒侧磷面上摩擦后,即起火燃烧。以硫磺为还原剂的安全火柴,其危险特性为遇火种、高温、强烈摩擦及撞击会引起燃烧,大量燃烧时放出氯化物、二氧化硫等有毒物质。

(三)电子点烟器

电子点烟器是近年来新出现的一件物品,由内置锂离子电池和发热丝、充电电路、电池保护电路、外壳等组成。它可以通过外接电源给内置锂离子电池充电,靠发热丝将烟点燃,图9.3所示为不同外观的电子点烟器,具有一定的伪装性。虽然在点烟过程中无明火出现,但在飞机上点燃香烟显然是飞行安全的重大隐患。

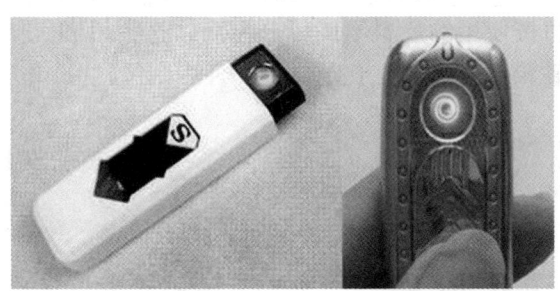

图9.3 电子点烟器

(四)镁棒

镁棒又叫阳极棒、打火石,如图9.4所示。镁棒是一种以镁元素为主的金属棒,作为户外生存常用取火装备,按照特定的取火方法能够生成明火,因此它亦属于火种的范畴。

图9.4 镁棒

二、"禁火令"

根据早先的规定,旅客在乘坐民航班机时可以少量携带打火机或安全火柴,但民航局关于物品携带的规定也会根据安全需要作出调整。随着国际政治形势的发展,民航安全所面临的形势也越来越严峻。在这种情况下,2008年4月7日,中国民用航空局发布《关于禁止旅客随身携带打火机、火柴乘坐民航飞机的公告》,从即日起禁止旅客随身携带打火机、火柴乘坐民航飞机,也禁止放置于手提行李或托运行李之中。2015年民航局再次发布公告,重申了这一规定,并一直延续至今,简称"禁火令"。该禁令涵盖了所有火种类物品。

三、火种的识别和处置

(一)识别方法

对于随身携带的火种类物品,若含有金属成分则安全门与手探均会发生报警,若是火柴等非金属物质,则需要安检人员耐心细致地搜身来发现。对于放置在行李中的火种类物品,则可根据其X射线的图像特征进行判断,如应注意打火机和点烟器中的电极等,若有疑点则需进行开箱包检查。安检现场已查获大量外表与普通生活物品相似,极具迷惑性的打火机和点烟器,因此需要安检员在检查时格外留心。

(二)处置方法

对于查获的火种类物品,安检员应告知旅客相关规定,劝其将物品自动放弃。若旅客对于较名贵或有纪念意义的物品(如Zippo打火机等)不愿舍弃,可为其办理暂存手续。如遇故意隐匿携带及扰乱秩序者,需交机场公安机关处理。通常情况下,国内各机场都会在安检通道前设置打火机自弃筐,提醒旅客在安检之前取出打火机;而将收集来的打火机搬运至到达层出口处,方便到达旅客取用。

四、典型案例

案例一：某日下午，一位旅客在 S 机场 T1 航站楼安检通道过检时，X 射线检查员发现其行李过检图像中存在疑似违禁物品特征的物品，本着"不排除疑点不放过"的原则，开机员立即对该行李做出开包检查指示。经检查，安检员发现旅客的行李中携带了一个玫瑰花式打火机和一个高脚杯式点烟器，如图 9.5 所示。从外观来看，这两件违禁物品并无异常，但内里却暗藏玄机：玫瑰花的花蕊是打火机构造，而高脚杯的底座则是一只隐藏式点烟器。在安检员耐心解释相关政策规定后，该名旅客决定自弃这两件违禁物品。

图 9.5　查获的特殊外观打火机、点烟器

案例二：某日，T 机场的安检员在国际航站楼某通道执行安全检查任务时，发现一名外籍旅客的随身行李中有特殊形状物品，疑似为可燃物，见图 9.6。经检查确认，该物品为由甘蔗残渣制成的火柴，可防风防水，一根可燃烧 7 分钟，该类火柴点燃时的烟雾和火苗都极大，目前在国内其他机场暂未发现。该物品较传统的火柴更具隐蔽性，对于安检人员而言识别难度更高，如果被带上飞机必然会给航空安全带来隐患。因此在安检员进行相关解释后，旅客选择将火柴自弃。

图 9.6　查获的防风火柴

案例三：某日下午，一名装扮时尚的年轻男性旅客在 F 机场过检时，人身检查员注意到他身上的项链吊坠较为特殊，金属葫芦吊坠上有明显的连接缝隙，随即提高警惕对金属葫芦仔细检查，发现其底部印有"Lighter"字样，从缝隙扭转打开后出现一个滑轮式打火机，见图 9.7。安检员严肃告知相关安全规定后，该旅客最终选择将项链吊坠打火机进行自弃处理后登机。

图 9.7　查获的微型打火机

思考与练习

1. 火种类物品包括哪些？
2. 当前民航局对于火种这类物品是如何规定的？

第十章 毒品

一、毒品的定义及危害

众所周知,毒品会对人的身心健康造成极大的危害,人们一旦染上毒瘾则会深陷其中不可自拔。从目前掌握的情况来看,航空运输已成了贩毒的一条重要途径。尽管毒品就其本身性质而言,或许不会对航空安全构成直接的危害,但旅客携带、运输、买卖毒品都属于极其严重的犯罪行为。随着全球范围打击毒品犯罪的声势越来越大,民航安检人员同样义不容辞,完全有责任、有义务配合公安、海关等部门,时刻保持高度警惕,共同开展禁毒斗争。

(一) 毒品的定义

根据《中华人民共和国刑法》第三百五十七条规定,毒品是指鸦片、海洛因、甲基苯丙胺(冰毒)、吗啡、大麻、可卡因以及国家规定管制的其他能够使人形成瘾癖的麻醉药品和精神药品。

(二) 毒品的危害

1. 毒品的属性

毒品从自然属性来讲其实本身是一种药品,这类物质如在严格管理条件下合理使用,则具有一定的临床治疗价值。不过从社会属性来讲,如果是非正常需要而强迫性觅求,这类物质就失去了药品的本性,此时就成了毒品。

因此,毒品是一个相对的概念,毒品的核心是会使人产生依赖性(或成瘾性)。许多麻醉药品及精神药品,如果按国家规定使用,它可为人类治病造福;但人若反复服用产生了对它的依赖性,危害了自己,还危害了他人及社会,这时我们就称这些药物为毒品。例如,吗啡具有较强的镇痛作用,临床上可用作镇痛治疗;但如果滥用而形成了依赖,它就变成了毒品。当然,也有些物质因为成瘾性大,早已被淘汰出了药品范围。

2. 毒品的成瘾原理

毒品成瘾问题,往往是生理因素、心理因素与社会因素相互作用的结果。

(1)生理因素。人脑中本来就有一种类吗啡肽物质,维持着人体的正常生理活动。吸毒者吸食了毒品后,外来的类吗啡肽物质进入人体,减少并抑制了自身的分泌,直至完全停止。吸毒者最后必须要靠外界的类吗啡肽物质来维持人体的生理活动,一旦停止供应,正常的生理活动就出现了紊乱,出现医学上所谓的"戒断症状"。此时,只有再不断从外界摄取,才可能解除这些戒断症状,这就是所谓的"上瘾"。

(2)心理因素。研究表明,毒品特殊的药理学特征会让人产生舒适和欣快的感觉,多数成瘾者初次吸食毒品有一种强烈的欣快感,过后就浑身困乏、难受,而渴望第二次吸毒,产生了心理上的依赖,从而导致成瘾。

(3)社会因素。在某种社会环境中是否容易获得毒品,社会文化背景、社会稳定对人的影响,法律对毒品的态度等等,都会对毒品成瘾产生一定的影响。

二、毒品的分类

毒品种类很多,范围很广,分类方法也不尽相同。

(1)从毒品的来源看,可分为天然毒品、半合成毒品和合成毒品三大类。天然毒品直接从毒品原植物中提取,如鸦片;半合成毒品是由天然毒品与化学物质合成而得,如海洛因;合成毒品则完全用有机合成的方法制造,如冰毒。

(2)从毒品流行的时间顺序看,可分为传统毒品和新型毒品。传统毒品一般指鸦片、海洛因等流行较早的毒品;新型毒品是相对传统毒品而言,主要指冰毒、摇头丸等人工化学合成的致幻剂、兴奋剂类毒品,在我国主要从20世纪末、21世纪初开始在歌舞娱乐场所中流行。

(3)从毒品对人体中枢神经的作用看,可分为抑制剂、兴奋剂和致幻剂等。抑制剂能抑制中枢神经系统,具有镇静和放松作用,如鸦片类;兴奋剂能刺激中枢神经系统,使人产生兴奋,如苯丙胺类;致幻剂能使人产生幻觉，导致自我歪曲和思维分裂，如麦司卡林。

（4）从毒品的自然属性看，可分为麻醉药品和精神药品。麻醉药品是指对中枢神经有麻醉作用，连续使用易产生生理依赖性的药品，如鸦片类；精神药品是指直接作用于中枢神经系统，使人精神兴奋或抑制，连续使用能产生依赖性的药品，如苯丙胺类。

三、常见的毒品

（一）传统毒品

1. 鸦片

鸦片又叫阿片，俗称大烟，味苦，是一种棕褐色膏状物，由罂粟植物未完全成熟的果实（罂粟壳）中流出的白色汁状物凝结而成。生鸦片经过烧煮和发酵，可制成精制鸦片，吸食时有一种强烈的香甜气味。鸦片内含有多种生物碱，初吸时会感到头晕目眩、恶心、头痛，多次吸食就会上瘾，图10.1为鸦片与罂粟壳。

图 10.1　鸦片与罂粟壳

2. 吗啡

吗啡是从鸦片中分离出来的一种生物碱，为无色或白色结晶粉末，如图10.2，具有镇痛、催眠、止咳、止泻等作用，吸食后会产生欣快感，比鸦片更容易成瘾。长期使用会引起精神失常、谵妄和幻想，过量使用会导致呼吸衰竭而死亡。历史上它曾被用作

图 10.2　吗啡

精神药品，但由于其副作用过大，最终被定为毒品。

3. 海洛因

海洛因的化学名称是二乙酰吗啡，纯品为白色，故俗称白粉，如图 10.3，医学上曾广泛用于麻醉镇痛，但成瘾快，极难戒断。长期使用海洛因会破坏人的免疫功能，并导致心、肝、肾等主要脏器的损害，注射吸食还能传播艾滋病等疾病。历史上它曾被用以戒断吗啡，但由于其依赖

图 10.3　海洛因

性更强而被定为毒品。海洛因是我国多年来监控、查禁的最重要的毒品之一。

4. 大麻

大麻是一种桑科一年生草本植物，从中提取出的成分制取的大麻类毒品主要包括大麻烟、大麻脂和大麻油，主要活性成分是四氢大麻酚（THC）。大麻对中枢神经系统有抑制、麻醉作用，吸食后产生欣快感，有时会出现幻觉和妄想，长期吸食会引起精神障碍、思维迟钝，并破坏人体的免疫系统。尽管大麻的成瘾率相对于其他毒品略低，且在少数西方国家合法，但它在我国始终是明令禁止并予以严厉打击的对象。图 10.4 为大麻毒品与大麻植物。

图 10.4　大麻毒品与大麻植物

5. 可卡因

可卡因是从生长在南美洲的植物古柯叶中提取的一种生物碱，纯品为白色结晶粉状物（见图 10.5），是强效的中枢神经兴奋剂和局部麻醉剂。它

能阻断人体神经传导，产生局部麻醉作用，并可通过加强人体内化学物质的活性刺激大脑皮层，兴奋中枢神经，表现出情绪高涨、好动、健谈，有时还有攻击倾向，具有很强的成瘾性。

图 10.5　可卡因与古柯植物

（二）新型毒品

1. 冰毒

冰毒学名为甲基苯丙胺或甲基安非他命，外观为纯白结晶体，似冰糖状，故而得名，如图 10.6。冰毒对人体中枢神经系统具有极强的刺激作用，且毒性强烈。冰毒的精神依赖性很强，吸食后会产生强烈的生理兴奋，大量消耗人的体力和降低免疫功能，严重损害心脏、大脑组织甚至导致死亡，还会造成精神障碍，表现出妄想、好斗、错觉，从而引发暴力行为。

图 10.6　冰毒

2. 摇头丸

摇头丸是冰毒的衍生物，以苯丙胺类兴奋剂为主要成分，具有兴奋和致幻双重作用，滥用后可出现长时间随音乐剧烈摆动头部的现象，故称为摇头丸。其外观多呈片剂，五颜六色，如图 10.7，服用后会产生中枢神

图 10.7　摇头丸

经强烈兴奋，出现摇头和妄动，在幻觉作用下常常引发集体淫乱、自残与攻击行为，并可诱发精神分裂症及急性心脑疾病，精神依赖性强。

3. 氯胺酮

氯胺酮俗称为 K 粉，是一种麻醉药，白色结晶粉末，如图 10.8，无臭，易溶于水，通常在娱乐场所滥用。人服用后遇快节奏音乐便会强烈扭动，会导致神经中毒反应、精神分裂症状，出现幻听、幻觉、幻视等，对记忆和思维能力造成严重的损害。

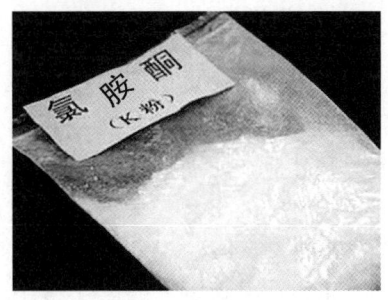

图 10.8 氯胺酮

4. 其他

除上述之外，目前社会上出现了越来越多的新型毒品，五花八门、形态各异，极具隐蔽性和诱惑性。它们包括麻古（即冰毒的片剂制品）、致幻邮票（主要成分麦角酸二乙基酰胺，即 LSD）、神仙水（主要成分 γ-羟基丁酸）、蓝精灵（主要成分氟硝西泮）、丧尸浴盐（主要成分卡西酮）等等。对于这类物品，我们一定要提高警惕，识别新型毒品的伪装，抵制不良诱惑。

四、易制毒化学品

易制毒化学品是指国家规定管制的可用于制造毒品的前体、原料和化学助剂等物质。简单来说，它们就是指国家规定管制的可用于制造麻醉药品和精神药品的原料和配剂，既广泛应用于工农业生产和群众日常生活，一旦流入非法渠道又可用于制造毒品。

2005 年公布的《易制毒化学品管理条例》中，共列管了三类 24 个品种，第一类主要是用于制造毒品的原料，第二类、第三类主要是用于制造毒品的配剂。之后该目录经多次增补，目前已增加至 30 余种。其中我们比较熟悉的是麻黄素，在多种感冒药中都含有该成分，但它是制造冰毒的重要原料之一，需要严格管制。

根据《中华人民共和国禁毒法》规定，国家对易制毒化学品的生产、经营、购买、运输实行许可制度。违反国家相关规定，非法制造、运输、买卖毒品的原料或者配剂的行为，公安机关均予以严厉打击。

五、毒品的识别和处置

(一) 识别方法

藏匿于行李中的毒品或易制毒化学品，一般是通过 X 射线机来识别。毒品均为有机物，因此在 X 射线图像中通常显示为橙色（也有一些毒品可能因含有其他杂质而呈现浅绿色）。在识别过程中，安检人员如在显示屏中发现呈现可疑的袋装粉末状物品或块状固体，应进行开包检查进一步判定其是否是毒品。

若犯罪分子将毒品藏匿于身上，可通过人身检查的方法而查获。需要注意的是，由于毒品是非金属违禁物品，安全门和手探并不会报警，因此更需要安检人员认真细致地检查，注意对可疑人员的有效识别，认真观察携毒者或吸毒者可能表现出的异常行为。

(二) 处置方法

若安检人员在现场查获毒品，应立即控制携带者，将毒品予以扣留，将嫌疑人和物品一并交机场公安机关审查处理。

六、典型案例

案例一：某日，D 机场安检员在对该旅客王某进行人身检查时，发现该旅客头部发髻内有硬物感，便立即询问头发内有无物品，王某均回答没有，并一直强调是她带的假发箍的发根。安检员要求其打开假发进行进一步检查，发现假发内有手纸一样的物体，但经过手探检查，却不发出声响。于是安检员立即让旅客将假发取下进行 X 射线机检查，经复检确认王某用手纸包裹了 5 袋冰毒藏于假发内，重约 4 克（见图 10.9）。工作人员立即将该名旅客与其同行人员带入值班室，对其再次实施严格人身检查后，移交公安机关进行进一步审理。

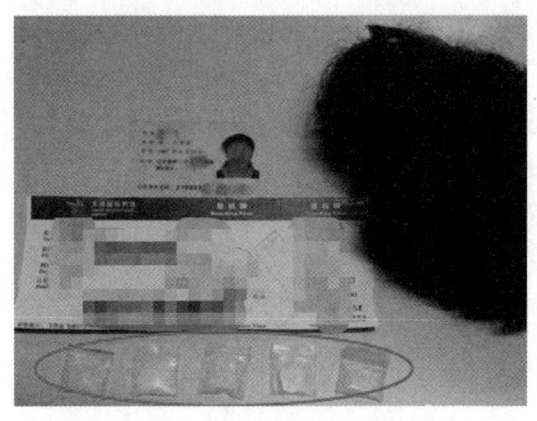

图 10.9　查获藏于假发内的冰毒

案例二：某日下午，一名年轻女子在通过 H 机场安检通道的安全门时，神色有些慌张，报警显示其脚部有异常，引起了安检员的高度警惕。安检员要求其脱鞋检查，这时候该旅客开始催促安检，说飞机很快就要起飞了，没必要也没那么多时间脱鞋检查，反而更加引起了安检员的怀疑。当鞋子被脱下通过 X 射线机时，开机员并没有发现异常；但对其脚部进一步检查，发现仅穿一双袜子的脚部依然报警。最终，安检员从这名旅客的袜子里发现了一包用锡纸包裹着的绿色叶片，该物体散发出一股刺鼻的味道。该女子称绿色叶片是一种茶叶，随后又改口称是香料。经安检员最终确认，这是一包毒品——大麻。该旅客因携带毒品企图登机被当即移交机场公安，并接受进一步审查处理。

案例三：某日清晨，B 机场国际科的一条检查通道里，旅客正在有秩序地逐个通过安全检查。手检员小陈在查到一位旅客的腰部时，感到异常。在询问中，此人支支吾吾，只说没什么，就是穿了加厚的保暖内衣。较真的小陈没有就此放弃检查，马上请来班长，将此人带到隔离室做进一步检查。解开衣扣发现里边藏有三个塑料袋，袋中装有像小米粒大小的红色颗粒状物品，随即将此物移交给相关部门进行化验，结果为约两千克的麻黄素，属于易制毒化学品。此案件后移交至公安及海关进行处理。

思考与练习

1. 什么是毒品？常见的毒品有哪些？
2. 毒品通常可分为哪些类别？
3. 毒品的危害性主要体现在哪些方面？
4. 毒品的成瘾原理包括哪些因素？

本章重要知识点讲解视频

毒品的定义、分类及典型代表

第十一章 其他违禁物品

一、定义

其他违禁物品是指因在民航运输中具有危险性,或违反民航运输相关规定,或违反国家法律法规而禁止旅客携带,但并没有归在之前类别中的一些物品。

二、常见的本类物品

本类物品涉及范围较广,以下列举常见的几种物品。

(一)强磁化物

强磁化物包括永久磁铁以及含有强磁性零部件的设备仪表、光学仪器等物品。其主要危险性在于一定强度的磁场可能会干扰飞行仪表的准确性,从而影响飞行安全。这与飞机起飞前旅客需关闭手机或调至飞行模式,避免航班飞行受到电磁波干扰的原理类似。

(二)石棉

石棉是天然纤维状的硅酸盐类矿物质的总称,由纤维束组成,而纤维束又由很长很细的能相互分离的纤维组成,见图11.1。石棉具有高度耐火性、电绝缘性和绝热性,是重要的防火、绝缘和保温材料。

石棉本身并无毒害,它的最大威胁来自它的粉尘,当这些细小的粉尘被吸入人体内,就会附着并沉积在肺部,能引起石棉肺、胸膜间皮瘤等疾病,严重可致癌。许多国家已经全面禁止使用这种危险性物质,因此该类物品也被禁止带上飞机。

图 11.1 石棉

(三) 异味物品

异味物品并不会直接危害到飞行安全,不过由于它们会散发出臭味或强烈的刺激性气味(如榴梿、臭豆腐、腌鱼腊肉等),可能会引起机组人员及旅客的不愉快、烦躁或恐慌,从而影响航班任务的正常执行,潜在影响飞行安全。

(四) 弩

弩是古代用于射箭的一种冷兵器,是古代兵车战法中的重要组成部分。它是一种装有臂的弓,主要由弩臂、弩弓、弩机、弩箭等部分组成(如图11.2),比普通的弓射程更远,杀伤力更强,命中率更高。因此,弩也属于国家规定的管制器具之一,禁止携带乘机。

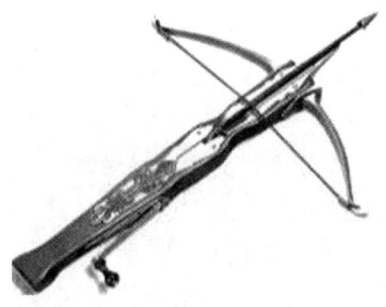

图 11.2 弩

（五）其他违反国家法律或行政法规的物品

此类违禁物品还包括诸如走私物品、赌具、野生保护动物、反动或淫秽宣传品等违反国家相关法律法规的物品。

三、其他违禁物品的识别和处置

对于其他违禁物品，检查方式一般是常规的人身检查、X 射线机检查、开箱包检查等。对于查获的该类物品，若属于常规生活用品，可根据实际情况让旅客自行处理，选择舍弃或让送行亲友带回，也可视情况给予暂存处理。但一旦涉及违法犯罪，应立即将人和物扣留，移交机场公安机关处理。

四、典型案例

案例一：某日，S 机场的安检员在检查某航班的托运行李时，在一名旅客的行李箱中发现有许多导线和电池等物品。经开包检查后，安检员发现在整套衣服的夹层、裤腰铁制商标内侧和裤腿中都隐藏着导线和集成电路，如图 11.3，故判断其疑似赌博用具。在请示当日值班领导后，安检员将该旅客及物品移交机场公安机关处理。

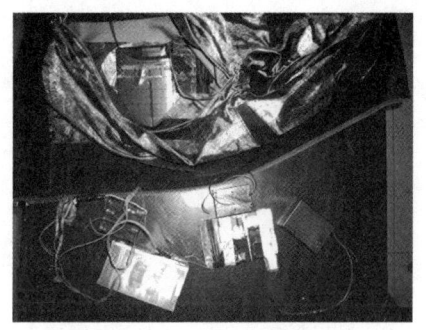

图 11.3　查获的赌具

案例二：某日，M 机场通道内的安检员对一位旅客的行李进行 X 射线机检查时发现，其手提包内显示的图像很特殊，呈现出一个"条形状"的黑色物体。经开包检查，安检员发现该物体为"魔法飞碟"，是一种超强磁力的智力型玩具。安检员现场实验发现，"魔法飞碟"一接近电脑荧光屏，强大的磁力就会让屏幕图像变色变形，而粘住的铁金属也难以扒下来。该旅客称"魔法飞碟"是来旅游时购买的，自己并不知道"魔法飞碟"对飞行安全会产生危害。最终，该旅客将此物品放弃。

案例三：某日下午，A 机场安检区头等舱通道来了一位衣着时髦的女士，正准备将随身的水果礼包过机检查时，被安检员拦住了，问她包内是否有榴梿。"这是芒果，你看这外面都写着的。"该女士支支吾吾地回答。经过开包检查，芒果之中果然有半盒榴梿。原来这位旅客自身嗅觉不灵敏，以为将榴梿藏在其他礼盒内就可以带上飞机了，没想到被安检员嗅出，只能到外面吃完再重新进行安检。

思考与练习

1. 对于涉及违法犯罪的违禁物品，安检员应如何处置？
2. 强磁化物、异味物品等为什么也属于违禁物品？

第十二章 限制携带物品

第一节 锐器和钝器

一、锐器的定义及常见代表

（一）锐器的定义

锐器是指除公安部规定的管制刀具外，带有锋利边缘或锐利尖端，由金属或其他材料制成的，强度足以造成人身严重伤害的器械。

（二）常见的锐器

锐器按其使用特点，一般可分为刺杀锐器和砍劈锐器；按具体用途又可分为家庭生活用具、文艺体育表演用品、生产工具和少数民族用具等。

常见的锐器包括菜刀、水果刀、剪刀、美工刀等生活用刀（刀刃长度大于6厘米）；手术刀、屠宰刀、雕刻刀、刨刀等专业刀具；用于武术文艺表演用的刀、矛、剑、戟等等。值得一提的是，对于一些符合管制刀具认定标准的少数民族类刀具，如藏刀、腰刀、靴刀、马刀等，在本民族自治区域内根据实际情形进行认定，通常视为锐器；但在非本民族区域，仍被认作管制刀具。图12.1为各类锐器。

图12.1 各类锐器

除了常见的金属刀具以外，也有一些刀具的刀身材质并非是金属，例如陶瓷刀的主要成分是二氧化锆（ZrO_2），见图12.2。非金属材质客观上给检查增加了一定的难度，为了应对陶瓷刀产品所带来的公共安全问题，有的厂家已将金属部件加进陶瓷刀中，使其能够被金属探测器有效检测。

图12.2　陶瓷刀

此外，前文提到的外观为日常生活用品的伪装类刀具，若未达到管制刀具的认定标准，也一律视为锐器，诸如皮带刀、笔刀、口红刀、梳子刀等，见图12.3。

图12.3　各种伪装成生活用品的锐器

二、钝器的定义及常见代表

（一）钝器的定义

钝器是指体积小而密度大，可用来击打，强度足以造成人身严重伤害的器械。

（二）常见的钝器

常见的钝器包括铁锤、双节棍、棒球棍、秤砣、高尔夫球杆、登山杖、指节铜套（指虎）等物品，见图12.4。

图 12.4　各类钝器

此外，有些物品还同时具备锐器和钝器的双重特征，例如斧头、带尖刺的流星锤等。

三、锐器和钝器的识别和处置

（一）识别方法

藏匿于行李中的锐器或钝器一般可以用 X 射线机来识别。当藏匿有锐器的行李通过 X 射线机时，其刀身部分在显示器上往往显示蓝色。对于菜刀、手术刀、单双面刀片等较薄的锐器，其金属密度与管制刀具相比要小得多，所以颜色相对较浅。由于摆放角度的不同，图像往往有较大的差异。尤其要注意伪装性刀具的图像特征，如有可疑之处，就必须开包检查加以确认。若有钝器藏匿于行李之中，由于其密度较大，在 X 射线机图像中颜色较深，再结合其形状特征通常较易识别。

如果人身上藏匿金属材质的锐器，在通过安全门时会发出声光报警信号，再进一步用手持金属探测器或手工方式来检查，一般是不难发现该物品的。对于钝器而言，若是金属材质，同样是比较容易被发现的。安检人员需要注意的是一些非金属的钝器，如橡胶警棍、木制棒球棍等不会报警的物品，这就需要对安检的重点对象加以严格检查。

（二）处置方法

锐器和钝器相比于其他类别的违禁物品，危害性相对没有那么大，但它们若出现在客舱依然可能被犯罪分子所利用，给旅客和机组成员造成伤害，给航空安全带来威胁。因此对于锐器和钝器类物品，禁止旅客随身携带，但可作为交运行李托运，或让送行的亲友带回，以及暂存于机场安检处等等。

对于前文提及的藏刀、腰刀、靴刀等少数民族类刀具，视具体情况而定。针对本民族自治区域范围内的航班，这些刀具可以视作锐器来处置；若在非本民族区域内被发现，只要符合管制刀具的认定标准，则按管制刀具的有关规定处置，将人和物移交公安机关审查处理。

四、典型案例

案例一：某日，H 机场的安检员在对某位旅客进行人身检查时，当查到随身携带的驾驶证时手探发生报警，经仔细查验后发现该旅客将一把手术刀片藏于驾驶证内（见图12.5）。由于有故意藏匿的嫌疑，安检员在对该旅客进行严格复查后移交至机场公安做进一步处理。

案例二：某日，S 机场旅检一科某通道安检员对一名旅客进行常规的人

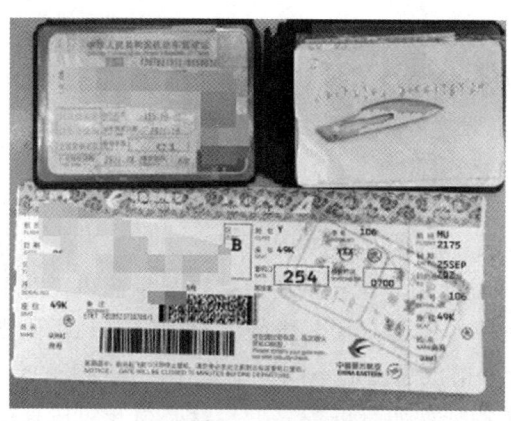

图 12.5　查获的藏匿于驾驶证中的手术刀片

身检查,当查到旅客腰部时发现皮带部位有异常,随即请该旅客进行解皮带检查,经仔细查验后发现该旅客皮带头内有一把隐藏式的小刀,刀刃长度7厘米(见图12.6)。这类锐器从外表上看具有一定的欺骗性,需要注意。

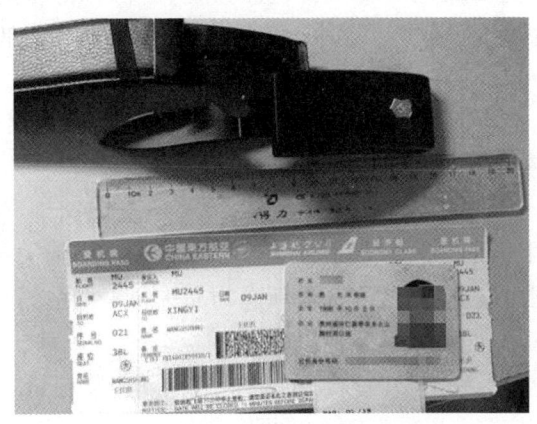

图12.6 查获的皮带刀

案例三:某日,G机场的安检员在执行人身检查时,发现一位旅客上衣口袋里别着一支钢笔。检查发现,这支钢笔的外观与正常钢笔并无不同,但拿在手上感觉特别沉,旋转笔端后,一个锋利的、刃长约8厘米的刀刃从笔筒里伸出来。经询问,该旅客是一名快递小哥,这支笔实质上是一把小刀,是他平时工作包装、拆分快递时使用的,习惯性带在身上。安检员告知,根据民航法规,该刀具不能随身携带乘机,该旅客表示理解,并做了自弃处理。

第二节 液态物品

一、液态物品概述

关于安检概念下的液态物品,主要是指各类液体、凝胶、气溶胶等形态的常温下呈现液态的物质。除了常见的水和饮料以外,也包括乳液、喷剂、膏状物、酱汤类等稠度相似的物品，涵盖食品、化妆品等各个生活领域。

前文章节中，所提及的液态物品包括易燃液体、腐蚀性液体、毒性液体等等。在安检现场，如某液体具备诸如上述的易燃性、腐蚀性、毒性等特性时，必须作为违禁物品进行相应处置。而其余的液态物品即使不具备明显的危险性，为确保绝对安全，也需按相关规定对其进行一定的限制。对于液态物品的规定，经历了从相对宽松到严格的转变过程，目前主要执行的是"禁液令"。

二、"禁液令"

2008年3月14日，民航局颁布了《中国民用航空局关于禁止随身携带液态物品乘坐国内航班的公告》，对液态物品进行了严格的限制，简称"禁液令"。

这些措施包括：乘坐国内航班的旅客禁止随身携带液态物品，但可办理交运，其包装应符合民航运输有关规定。

如有以下情形可允许旅客限量随身携带：旅客携带少量旅行自用的化妆品，每种化妆品限带一件，其容器容积不得超过100毫升，并应置于独立袋内，接受开瓶检查。来自境外需在中国境内机场转乘国内航班的旅客，其携带入境的免税液态物品应置于袋体完好无损且封口的透明塑料袋内，并需出示购物凭证，经安全检查确认无疑后方可携带。有婴儿随行的旅客，购票时可向航空公司申请，由航空公司在机上免费提供液态乳制品；糖尿病患者或其他患者携带必需的液态药品，经安全检查确认无疑后，方可随身携带。

此项规定自2008年3月一直延续至今，虽给旅客的出行带来一定的不便，但切实保证了民航的安全，杜绝了犯罪分子以液体作为危害民航安全突破口的可能。

另外，酒精饮料同样禁止随身携带，但可作为托运行李交运，且有以下限定条件：

（1）标识全面清晰且置于零售包装内，每个容器容积不超过5升。

（2）酒精体积百分含量小于或等于24%，托运数量不受限制。

（3）酒精体积百分含量大于24%、小于或等于70%，每位旅客托运数量不应超过5升。

（4）酒精体积百分含量大于70%，视为易燃液体，不能办理托运。

三、液态物品的识别和处置

旅客可能置于随身行李中的各种液体，在X射线机图像中通常均显示为橙色。当安检人员发现有可疑之处时，应进行开箱检查，根据前文所述的方法判定其是否具有易燃性、腐蚀性、毒性等特征。若是，则按各类违禁物品的方法进行处置，扣留物品并交至机场公安机关处理；若仅是茶水、饮料、奶制品等日常用品，或是超量化妆品，应向旅客耐心解释，劝其进行托运或舍弃。对于酒精类饮料，只可托运，根据酒精体积百分含量采取相应的限制措施。

特别需要注意的是，规定中关于允许携带少量化妆品的具体要求，指的是容器容积在100毫升以内，并非实际含量。一旦化妆品的容器容积超过100毫升，即使该化妆品的实际净含量不足100毫升，同样无法随身携带，必须办理托运。有些机场专门为旅客提供了容积为100毫升的简易分装瓶，是一个很好的人性化措施，值得推广。

四、典型案例

案例一：某日晚，李某在H机场接受安检时被拦了下来，因为其行李中有一瓶隐形眼镜护理液，包装上显示容量为118毫升。安检员告知，根据民航局的相关规定，化妆品容器容积应在100毫升以下方可带入客舱，并建议可以将护理液托运或者寄存，或者看看能否买到100毫升以内的分装瓶。李某在机场兜了一圈后，没有买到分装瓶，于是将护理液倒入机场饮水机上的一次性纸杯，因纸杯没有容积标识且并非密封，遭到了安检员的拒绝。李某认为护理液已经用去了一半，余量肯定不超过100毫升，安检员是在故意刁难，于是情绪失控，直接将液体泼向安检员，最终被公安机关行政拘留。

案例二：某日，在G机场的一条安检通道旁，过往旅客发现有5位年约六旬的老年人站成一排，每人拿着矿泉水瓶装的蜂蜜，不兑水直接喝起来。原来，他们是在过安检时被发现携带饮料、蜂蜜等液态物品，安检员告知不能带上飞机。由于快到登机时间，来不及办理托运，在请求安检员通融未果的情况下,他们不舍得扔掉蜂蜜,无奈之下决定现场喝掉。约10分钟后,经安检员提醒"再不快点就赶不上飞机了",5人才把喝剩的蜂蜜扔进回收筐里,匆忙赶去登机。

第三节 锂电池

一、锂电池简介

锂电池是一类由锂金属或锂合金为负极材料,使用非水电解质溶液的电池。锂金属的化学特性非常活泼,因此它在加工、保存、使用的过程中,对环境要求非常高。随着科学技术的发展,当前锂电池已经成为主流,成为人们日常生活中必不可少的物品。

锂电池大致可分为两类:锂金属电池和锂离子电池。锂金属电池只能一次性使用,而锂离子电池属于二次电池,可以充电而反复使用,广泛应用于手机、照相机、手提电脑等电子产品中。它主要依靠锂离子在正极和负极之间移动来工作,在充放电过程中,Li^+在两个电极之间往返嵌入和脱嵌。

二、锂电池的危险性

锂电池的主要危险性为高度易燃,短路、过充、极限温度、错误操作都能够引起燃烧。电池壳体内部压力导致外壳破裂后,高温下的电极和电解液接触空气,此时出于充电态的负极活泼性接近金属锂,与氧接触会立即燃烧并引燃电解液和隔膜。锂电池燃烧温度可达1200℃,一般的灭火剂不能有效控制锂电池的火势。

三、锂电池的相关规定

根据中华人民共和国民用航空行业标准《锂电池航空运输规范》(MH/T 1020—2018)和《旅客和机组携带危险品的航空运输规范》(MH/T 1030—2018)等相关法规文件,旅客携带锂离子电池乘坐民用航空器应注意如下事项：

（1）携带的锂离子电池额定能量不允许超过 160 Wh（瓦特小时），超过 160 Wh 的应通过危险货物手续进行货运。

（2）内含锂离子电池的设备（如手提电脑、照相机、便携式摄像机等），可放置在手提行李中随身携带，也可以托运，应有防止意外启动的措施。设备内置的锂离子电池的额定能量通常不应超过 100 Wh，若额定能量在 100 Wh 至 160 Wh 应经运营人（航空公司）批准。

（3）备用锂离子电池只可放置在随身行李中携带，不可托运，应单个做好保护以防短路，可将备用电池放置于原厂零售包装中或对电极进行绝缘处理。单个锂离子电池额定能量通常不应超过 100 Wh；经运营人（航空公司）批准，可携带额定能量在 100 Wh 至 160 Wh 的备用锂离子电池，但不能超过两块。

（4）对于充电宝等用于电子设备充电的锂离子电池移动电源，亦参照此标准执行。《关于民航旅客携带"充电宝"乘机规定的公告》中规定，充电宝严禁放置在托运行李中，只能在手提行李中携带或随身携带，额定能量通常不应超过 100 Wh。若其额定能量超过 100 Wh 但不超过 160 Wh，经运营人（航空公司）批准后方可携带，但每名旅客携带数量不得超过两个。额定能量超过 160 Wh，以及未标明相关参数的充电宝严禁携带。不得在飞行过程中使用充电宝给电子设备充电。

锂电池额定能量的计算方法

若锂电池上没有直接标注额定能量 E（单位：瓦特小时 Wh），则锂电池额定能量可按照以下方式进行换算：

如果已知电池的标称电压 U（单位：伏特 V）和标称容量 Q（单位：安培小时 Ah），可以通过公式 $E=U\times Q$ 计算得到额定能量的值，而标称电压和标称容量通常标记在电池上。若标称容量只标记有毫安小时（mAh），应将该数值除以 1000 得到安培小时（Ah）。

例如：某锂电池的标称电压为 5 V，标称容量为 7600 mAh，其额定能量如下：

5 V×7600 mAh＝5 V×7.6 Ah＝38 Wh

四、锂电池的识别和处置

对于旅客放置于行李中的锂电池,经 X 射线机识别出后,应进行开箱包检查,确认锂电池的具体性能参数是否符合要求,按前文所述的规定进行处置,如无相关标识、已损坏或废弃的一律不得携带。需特别注意的是,单独的锂电池(不含设备)因其特殊性,只能置于手提行李中而不能托运,以便出现紧急情况时能够及时采取措施,避免更严重的后果。

五、典型案例

案例一:某日,在 K 机场国内安检通道内,一名女性旅客被安检人员在行李中查出携带了一个无标识的充电宝。安检人员在向其解释民航安检相关规定,告知此类"三无"充电宝存在安全风险禁止携带后,该旅客及同行人员不听劝阻,执意要将充电宝拆开查看容量标识。在打开后盖的过程中,充电宝突然发生了燃爆,造成现场混乱。

案例二:2018 年某日,某航空公司的一架国内航班在旅客登机过程中,一件放置在行李架中的行李突然出现明火,并产生大量白烟。好在初期阶段火势不大,机组成员及旅客迅速扑灭明火,随后配合消防和公安部门及时进行处置,未造成进一步损害,该航班后续更换了飞机和机组继续运行。经调查,此次事件系一名旅客所携带充电宝冒烟并着火,该充电宝的参数标识清晰,额定能量在 100 Wh 以下,且事发时未处于使用状态。由此可见,即使符合安检的携带规定,锂电池仍具有一定的危险性。

第四节 其他限制携带物品

一、常见的其他限制携带物品

除本章所提到的几类外,还有一些物品亦需对旅客携带的数量及方式作一定限制。

（一）电动轮椅

电动轮椅作为行动不便人士的代步工具十分普遍，但因其含有蓄电池，内部电解液往往是腐蚀性物质，故也有潜在的危险。当满足如下条件时，电动轮椅可作为交运行李运输：

（1）电池必须断路，两极用胶带包好防止短路；
（2）轮椅两侧贴上"向上"标签，避免倒置；
（3）在装卸过程中必须始终保持直立，并要在机舱内固定，防止滑动。

若轮椅为锂电池驱动，则参照锂电池的相关要求，作为"内含锂离子电池的设备"允许托运。单独拆下的锂电池则必须放置于随身行李中。

（二）活体动物

除特殊情况下盲人需使用导盲犬，其余活体动物均不得带入客舱。符合要求的活体动物（如家养宠物等），提供相应的检疫证明可提前向航空公司申请，经批准后按规定包装要求，作为货物托运。海鲜、水产品类物品也必须包装完好方可托运。

（三）干冰

干冰是固态的二氧化碳，白色结晶，无色无味。由于干冰的温度非常低，为-78.5℃，能够急速地冷冻物体和降低温度，因此被广泛应用于食物保鲜。不过其主要危险性在于，在机舱这种封闭的空间中，干冰可能发生升华，当空气中的二氧化碳达到一定浓度（3%左右）时具有窒息的危险，接触不当也可能导致冻伤。因此，用于食品低温保鲜的干冰需航空公司批准，通常只允许托运。

（四）工具及其他特殊物品

生产工具往往也具备锐器或钝器的一些特征，包括钻机（含钻头）、凿、锥、锯、钳、焊枪、扳手、冰镐等。还有其他一些特殊物品同样能够造成人身伤害或对航空安全和运输秩序造成危害，如飞镖、弹弓、弓箭、蜂鸣自卫器，以及不在国家规定管制范围内的辣椒水喷剂、驱除动物喷剂等。根据规定，以上这些物品一律禁止随身携带，但允许托运。

二、其他限制携带物品的识别和处置

此类物品涉及范围较多较杂，应根据物品不同的特点采取相应的处置方法。

三、典型案例

案例一：某日上午，B机场安检员在现场执行安全检查任务时，从一名女性旅客随身行李内查获蜂鸣自卫器一个（同时具有手电筒的功能），如图12.7，立即将此情况上报。该旅客自述是因为一个人出门旅游，想用于防身。值班科长告知旅客，蜂鸣自卫器虽然本身没什么攻击性，但如果在飞机上响起，其发出的高分贝报警声很可能会引起其他旅客恐慌，进而影响飞行安全，因此该类防身用品是不允许随身携带的，但可作为交运行李托

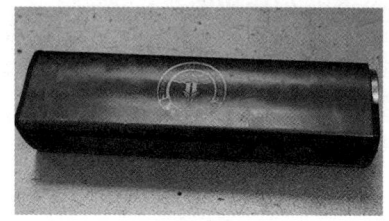

图12.7 查获的蜂鸣自卫器

运。旅客表示理解，遂将蜂鸣自卫器自弃，安检员对其人身及随身行李再次检查，确认无异常后，予以放行。

案例二：某日，一名旅客在Y机场安检通道等候安全检查期间，突然转身背对安检员，并从衣服兜里掏出矿泉水瓶，往瓶内装入胡萝卜条，其间不停向四周张望，神色紧张。安检员随即发现了这一异常行为，提高了警觉，并加强对该旅客的关注。在后续的人身检查过程中，安检员不停地与该旅客攀谈，但他一句话也不肯说，汗如雨下。在安检员的不停询问下，他最终难以招架，迫于压力把藏在嘴里的东西拿了出来。原来，该旅客绞尽脑汁想办法藏在嘴里试图蒙混过关的，居然是一只活的蜗牛。随后，这名旅客因违反民用航空安全检查相关规定，被移交机场公安机关处理。

思考与练习

1. 什么叫锐器？常见的锐器有哪些？
2. 什么叫钝器？常见的钝器有哪些？
3. 对查获的锐器和钝器如何处置？
4. 请简要解释一下民航局发布的"禁液令"。
5. 锂电池的危险性主要体现在哪些地方？
6. 某充电宝显示标称电压 5 伏，标称容量 15000 毫安时，其是否可以随身携带？为什么？
7. 干冰是什么，其危险性主要体现在什么方面？

 本章重要知识点讲解视频

锐器和钝器的特点

液态物品及"禁液令"

参考文献

[1] 中国民用航空局职业技能鉴定指导中心．民航安全检查员．北京：中国民航出版社，2021．

[2] 中华人民共和国民用航空法，1995．

[3] 中华人民共和国治安管理处罚法，2006．

[4] 中华人民共和国民用航空安全保卫条例，1996．

[5] 民用航空安全检查规则，2016．

[6] 沈福荣等．民用航空安全检查业务培训教材．中国民航总局公安局，2000．

[7] 民航旅客禁止随身携带和托运物品目录．中国民用航空局，2016．

[8] 民航旅客限制随身携带或托运物品目录．中国民用航空局，2016．